프랑스 갈리마르
인물 역사 총서 20

클레오파트라

글 | 래티시아 앵그라오
역사학을 전공하였으며 2005년 35세의 젊은 나이로 세상을 떠났다. 그녀는 이 책 외에도 《나는 실화를 읽어요》 등의 책을 썼다.

그림 | 크리스티앙 하인리히
1965년 슬레스타에서 태어났다. 어릴 때부터 그림 그리는 것을 좋아했으며, 스트라스부르 장식미술학교에서 그림을 공부했다. 여행하며 보고 느낀 것을 한 폭의 수채화로 표현하는 일에 전념하고 있다.

옮긴이 | 김이정
서강대학교 불어불문학과를 졸업했으며, 프랑스 파리 13대학에서 언어학 박사 학위를 받았다. 현재 서강대학교에 출강하고 있다. 옮긴 책으로는 《사람의 몸》《동물의 생활》《심술쟁이 마녀 소동》《거짓말은 왜 나쁠까요?》《개 이야기》《매혹의 그리스》《열정의 이탈리아》 등이 있다.

초 판 1쇄 2006년 9월 30일 발행
개정판 2쇄 2013년 1월 5일 발행

글 래티시아 앵그라오 | 그림 크리스티앙 하인리히 | 옮김 김이정 | 발행처 종이비행기 | 발행인 나성훈 | 편집인 전유준
편집 김지현 이승민 | 교정·교열 최성옥 | 디자인 이영수 강혜경 홍진희 | 특판책임 채청용 | 제작책임 정병문 | 홍보책임 박일성
주소 서울 강남구 삼성동 153 | 전화 02-538-5003 | 팩스 02-539-5003 | 등록 제16-3584호 | ISBN 978-89-6719-020-0 74900

ⓒ Éditions Gallimard Jeunesse, Paris, 2005. All rights reserved.
Korean translation Copyright ⓒ 2006 by JB-FLY Publishing Co.
Korean edition is published by arrangement with Gallimard Jeunesse through Sibylle Books Literary Agency.
이 책의 한국어판 저작권은 Sibylle Books Literary Agency를 통해 Gallimard Jeunesse와 독점 계약한 종이비행기에 있습니다. 저작권법에 의해 한국 내에서 보호를 받는 저작물이므로 무단전재와 무단복제를 금합니다.

● 종이비행기는 예림당의 가족회사로, 새로운 시각과 폭넓은 콘텐츠로 다가가는 인문 과학 분야 전문 브랜드입니다.

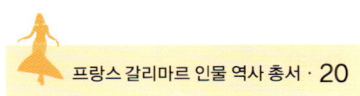
프랑스 갈리마르 인물 역사 총서 · 20

클레오파트라

래티시아 앵그라오 글 ｜ 크리스티앙 하인리히 그림 ｜ 김이정 옮김

종이비행기

《프랑스 갈리마르 인물 역사 총서》를 펴내면서

앞으로 우리 교육 환경은 쉼 없는 지식의 성장과 진화를 요구합니다. 하나의 주제에 대해 생각하는 데에도 종합적인 사고와 깊은 통찰이 있어야 합니다.

《프랑스 갈리마르 인물 역사 총서》시리즈는 우리 어린이와 청소년들이 꼭 읽고, 익혀야 할 학습 내용을 쉽고 풍부하게 전달하는 데 초점을 맞추었습니다. 이 시리즈는 인문 교양 지식 분야에서 세계 최고를 자랑하는 프랑스의 갈리마르 출판사에서 발행한 역사, 인물, 신화, 문명에 대한 종합적인 교양서입니다.

이 시리즈에 들어 있는 주제들은 모두 어린이, 청소년, 어른까지도 꼭 알아야 할 내용들로 매우 흥미진진합니다. 세상이 처음 만들어진 이야기부터 한 시대를 이끈 영웅담, 고대 문화, 문명, 지리, 역사적 배경까지……. 마치 한 편의 웅장한 역사 드라마를 보는 것과 같습니다. 그 이야기를 누구나 쉽게 이해할 수 있도록 맛깔스럽게 구성하였습니다. 거기에 역사적 사건이나 당시의 상황을 뒷받침하는 풍부한 자료들을 덧붙여 먼 과거의 숨결이 살아 있는 듯 생생한 감동을 불러일으킵니다. 각각의 주제마다 모든 분야의 최고 전문가들이 하나하나 정성을 기울인 작품입니다.

첫째 지식 교양의 기초가 되는 신화, 역사, 문화, 인물의 발자취가 가득합니다.

로마, 율리시스, 이집트 신, 노예, 해적, 클레오파트라와 같은 인류 역사의 커다란 쟁점들을 사실적으로 재현하여, 놀라운 지식들을 경험할 수 있는 세계로 안내합니다.

둘째 어렵고 딱딱한 역사 지식을 전설이나 신화 같은 이야기로 흥미롭게 전달합니다.

쉽고 간결한 이야기체 구성으로 초등학생부터 청소년, 학부모에 이르기까지 누구나 단숨에 읽고, 쉽게 공감할 수 있습니다.

셋째 역사적 사실과 상상력을 바탕으로 한 구체적인 정보를 알차게 실었습니다.

이야기 중간 중간마다 그 당시의 역사적 사실과 배경 지식을 알 수 있는 다양한 사진이나 그림, 기록물을 꼼꼼히 넣고, 백과사전 같은 설명을 곁들여 학습 효과를 높여 줍니다.

넷째 원작이 주는 고유의 분위기나 상황을 충실히 살렸습니다.

지금까지 알려진 여러 가지 이야기 중에서도 가장 원전에 가까운 설화와 번역본, 문체까지 충실히 살려 독자들에게 정확한 교양 지식 길라잡이가 됩니다.

다섯째 학생들의 교과 과정과 관련 있으면서도 교과서에 나오는 내용 이상의 필수 지식이 실려 있습니다.

이 책은 교과서의 단편적인 내용을 보다 입체적으로 새롭게 보여 줍니다.

그 밖에도 《프랑스 갈리마르 인물 역사 총서》가 주는 매력은 한두 가지가 아닙니다. 우리가 모르고 그냥 지나쳤던 역사의 수많은 발자취를 새롭게 발견할 때의 기쁨이란 이루 말할 수 없습니다. 그 기쁨의 주인공은 이제 여러분입니다.

이 책을 읽으면서 우리가 알고 있는 세계 역사와 문화를 보다 다양하고 입체적으로 바라볼 줄 아는 지혜를 얻길 바랍니다.

일러두기

① 국립국어원의 표기법에 따르며, 인명·지명은 되도록 해당 지역의 표기법에 따르도록 노력하였습니다.
② 세계 설화의 원문을 객관적으로 충실히 반영하여 독자에게 정확한 사실을 전달하는 것을 원칙으로 삼았습니다.
③ 어린 독자들에게는 좀 어려운 어휘 구사(반복, 비교 따위)를 고려하여, 완전히 각색하지 않고, 가급적 눈높이를 맞추도록 하였습니다.

 차례 contents

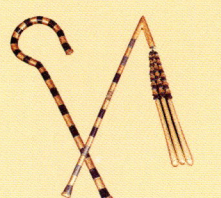

파라오의 귀환 10

차지해야 할 왕위 24

도망 38

알렉산드리아 전쟁 50

나일 강을 따라 64

로마에서의 체류 76

신들에게 어울리는 만남 88

전성기에 대한 꿈 100

악티움 해전 114

파라오의 죽음 128

8 지중해 연안

22 프틀레마이오스 왕조와 파라오의 권력

36 이집트의 부

48 로마의 동맹들과 적들

62 알렉산드리아

74 이집트 신들

86 로마의 모습

98 사치스러운 생활과 아름다움

112 아이들의 교육

126 이집트의 군대

140 미라와 무덤들

142 이야기의 참고 자료

클레오파트라 시대의 지중해

기원전 51년, 마지막 파라오인 클레오파트라는 약해진 이집트의 왕위에 올랐다. 제국의 왕이 아니라 나일 강 유역 땅의 지배자였던 것이다. 그 당시 로마는 다른 모든 왕국들을 로마의 속주로 만들었다.

파라오의 귀환

그날 아침*, 궁전 주변이 왠지 소란스러웠다. 한 왕실 근위병*이 파라오*의 거처와 딸 클레오파트라의 거처 사이로 난 길을 빠른 걸음으로 돌아다녔다. 근위병은 정원 근처에서 공주의 시녀 샤르미온과 마주쳤다.

"이제야 날 도와줄 사람을 만났군요. 공주님께 전해 주십시오! 프톨레마이오스 파라오님의 배가 도착했습니다. 파라오님이 귀환*하셔서 조정 대신들에게 왕실로 모이라고 명령하셨습니다."

샤르미온은 곧장 클레오파트라의 거처로 향했다. 클레오파트라의 방에 도착한 시녀는 햇빛이 들어오도록 창문에 쳐진 자주색 모직 천을 재빨리 걷었다.

"클레오파트라, 클레오파트라, 어서 일어나세요! 파라오님의 배가 항구에 도착했어요!"

그날 아침
기원전 55년, 알렉산드리아.

근위병
임금을 가까이에서 호위하던 군인.

파라오
큰 집이라는 뜻으로, 고대 이집트의 왕을 이르던 말.

귀환
다른 곳으로 떠나 있던 사람이 본래 있던 곳으로 돌아오거나 돌아감.

헵타스타디온
파로스 섬의 등대와 해안을 잇는 1.2킬로미터에 달하는 제방.

삼단노선
사람들이 세 줄로 노를 젓는 배.

클라미스
마케도니아의 그리스인들의 전통 망토.

시녀가 주인에게 알렸다.

"날 좀 내버려 둬! 이제 겨우 동이 트는데 더 잘래."

"아버님이 돌아오셨다고요!"

"6개월 전부터 아버지가 돌아오신다는 얘기를 하고 있잖아. 아버지 배가 오는지 보려고 헵타스타디온*의 두 다리를 건너 등대까지 갔다가 몇 번이나 허탕 쳤는지 알아?"

클레오파트라는 일어나지 않겠다고 홑이불을 몸에 둘둘 감았다.

"이번에는 소문이 아니라고요. 파라오님의 삼단노선*과 로마 배 한 척이 항구에 도착했어요. 프톨레마이오스님이 궁전으로 돌아오고 계시다고요!"

클레오파트라는 단번에 침대 밖으로 뛰어나왔다. 그녀는 클라미스*를 잡고 문으로 향하면서 흥분해서 말했다.

"배들이 분명히 항구에 있단 말이지. 그러니까 아버지가 돌아오신 거라고. 어서, 샤르미온, 꾸물대지 말고 항구로 가자!"

"클레오파트라, 아이처럼 굴지 마세요. 이제 열네 살이잖아요. 이젠 아버님이 떠나실 때의 어린아이가 아니라고요. 아버님은 예의범절을 지키지 않는 건 봐주지 않으실 거예요. 그것도 로마 인들 앞에서 말이에요."

"로마 인들은 신경 안 써. 그 사람들은 남의 재산을 독차지할 생각만 하니까!"

"공주님 말씀이 옳을지도 모르겠지만 지금은 제발 옷을 제대로 갖춰 입고 가족들에게 가세요."

클레오파트라는 말대꾸를 하려다가 생각을 바꾸어 시녀의 말에 따랐다.

클레오파트라는 알렉산드리아의 귀족들처럼 그리스식으로 옷을 차려입었다. 그녀는 빨간색 실로 예쁘게 수놓아진 흰색 튜닉*을 입었고, 이집트 공주들이 쓰는 세련된 금 왕관을 썼다. 그녀가 회의실에 도착했을 때 이미 많은 사람들이 모여 있었다. 2년이 지나서 아버지 프톨레마이오스 12세를 다시 만난 것이다. 왕좌에 앉아 있는 그는 손에 파라오의 왕홀과 채찍을 들고 있었다. 머리에는 붉은 색과 흰색의 이중 왕관*을 쓰고 있었다.

겁먹은 클레오파트라는 아버지가 자기를 알아보기만 기다렸다. 그녀는 심장이 빨리 뛰는 것을 느꼈다. 그러나 아버지는 그녀를 보지 못했다. 그는 모인 사람들이 조용히 하도록 회의실을 죽 훑어본 후 연설을 시작했다.

"짐은 왕좌를 다시 찾으러 왔노라. 모두 파라오를 경배*

튜닉
허리 밑까지 내려와 띠를 두르게 된, 여성용의 낙낙한 블라우스 또는 코트.

이중 왕관
파라오의 이중으로 된 왕관.

경배
신령, 부처 등을 우러러 공경함.

호루스
신들의 왕. 모든 파라오는 이 신이 거느리는 지상의 화신이다.

필로이
왕의 조정 고관들과 측근들.

영화
몸이 귀하게 되어 이름이 세상에 빛남.

군단
6천 명의 병사로 구성된 로마 부대.

하라. 그렇지 않으면 호루스*의 분노를 사리라!"

그 옆에는 두 로마 인이 무서운 눈초리로 필로이* 전체를 살펴보고 있었다. 프톨레마이오스는 계속 말을 이었다. "나의 로마 친구 가비니우스와 안토니우스를 정중하게 맞이하고 그들에게 걸맞는 영화*를 누리게 하라. 이제부터 이들의 군단*이 알렉산드리아 입구에 주둔하여 도시를 보호할 것이다."

이런 귀환은 클레오파트라가 바라던 것이 아니었다. 그녀는 로마군의 주둔을 받아들일 수 없었다. 로마 사람들은 보호해 주기 위해서가 아니라 감시하러 온 것이라는 걸 그

녀는 알고 있었다. 생각에 잠겨 있던 그녀는 옆에 서 있던 남자 몇 명이 소곤대는 소리에 정신이 들었다.

"왕이 배에서 내리자마자 자기 딸 베레니케를 체포하라고 시키고 권력을 찬탈*했다는 이유로 처형을 명했다는 것 같던데."

그녀가 잘 들은 걸까? 언니 베레니케 얘기가 정말 맞는 걸까? 아버지가 자기 친딸을 처형하라고 할 수는 없는 것 아닌가!

그러나 클레오파트라는 몇 세대 이전부터 라기데스 왕가*가 권력을 잡기 위해 서로 죽이곤 했던 사실을 알고 있

찬탈
왕위, 국가 주권 따위를 억지로 빼앗음.

라기데스 왕가
'소테르'라고 불린 프톨레마이오스 1세가 만든 그리스 왕조.

파라오의 귀환 ■ 15

었다. 그러나 설마 아버지가 그러리라고는 한 번도 상상해 본 적이 없었다. 정말 너무한 일이다! 회의실을 뛰쳐나온 그녀의 두 뺨에는 분노의 눈물이 흘렀다.

클레오파트라가 궁전을 나간 후, 시녀 샤르미온은 클레오파트라를 찾고 있었다. 파라오가 저녁 연회* 전에 클레오파트라를 만나겠다고 했기 때문에 최대한 빨리 그녀를 찾아야 했다. 샤르미온은 빠른 걸음으로 무세이온*으로 이어지는 대로를 거슬러 올라갔다. 거대한 건물의 계단 앞에서 그녀는 걸음을 늦추고 가쁜 숨을 가다듬었다. 그런 다음 무거운 현관문 그늘 속으로 들어갔다.

샤르미온은 클레오파트라가 연설장에 있을 거라는 걸 알고 있었다. 학자들 가운데에서 소녀의 검은 머리칼이 보였다.

"클레오파트라, 클레오파트라, 이리 오세요."

시녀가 속삭였다.

"날 내버려 둬."

클레오파트라가 신경질적으로 대답했다.

곧 사람들의 불평이 들려왔다. 유명한 웅변술 교사* 필로스트라트의 연설을 누가 감히 방해한단 말인가? 클레오

연회
축하, 위로, 환영, 이별 따위를 위하여 여러 사람이 모여 베푸는 잔치.

무세이온
도서관 가까이에 있는 학술 연구소. 전 세계의 학자들을 맞이들였다.

웅변술 교사
사람들에게 웅변술을 가르치는 사람.

파트라는 어쩔 수 없이 연설장에서 나와 시녀에게 갔다.

"아버지가 보자고 하세요."

샤르미온이 설명했다.

"아버지께서? 쳇, 그러든 말든! 알렉산드리아 사람들이 아버지에게 아우레테스(피리 연주자)라는 별명을 붙일 만했지 뭐야. 아버지는 왕국을 돌보기보다 술과 연회를 너무 좋아하셔. 우리 땅이었던 모든 지역들, 키레나이카, 키프로스, 팔레스타인이 이제 로마의 속주*가 되었잖아. 이집트도 곧 그렇게 될 거야. 하지만 왕국을 희생하는 것도 모자라 친딸까지 희생시키다니!"

"진정하세요, 클레오파트라. 화가 나서 그렇게 말하는 거지, 공주님은 더 신중하시잖아요. 아버지는 빚이 아주 많으세요. 로마 군단들이 이곳에 주둔*하는 것은 좋을 게 하나도 없지만요. 자, 어서 아버지께 가 보세요."

클레오파트라는 화가 났지만 샤르미온의 충고를 따랐다.

프톨레마이오스가 클레오파트라를 기다린 지 한 시간이 넘었다.

그녀의 무례함에 화가 난 그는 그녀를 꾸짖을 생각이었다. 오시리스*의 검은 동상을 마주 보고 서서 그녀에게 무

속주
어느 나라에 속하여 있는 주(州). 이탈리아 반도 이외의 로마 영토.

주둔
군대가 임무 수행을 위하여 일정한 곳에 집단적으로 얼마 동안 머무르는 일.

오시리스
죽은 사람들의 신. 이시스의 남편이자 호루스의 아버지.

파라오의 귀환 ■ 17

슨 말을 할지 생각하는 중이었다. 마침내 대리석 위로 딸각거리는 샌들 소리가 들려왔다. 그는 몸을 돌려 딸이 들어오는 것을 보았다. 머리칼은 헝클어져 있었고 숨을 헐떡이고 있었다. 클레오파트라는 아버지를 노려보았다.

그녀는 말을 아주 잘했고 모든 것을 너무 빨리 이해했기 때문에 아버지는 종종 그녀와의 대화에 빠져들곤 했다. 그녀는 열두 살에 이미 그리스 어, 프톨레마이오스 왕조의 언어, 민간인들이 쓰는 언어, 그리스 구어, 이집트 평민들의 언어뿐만 아니라 아르메니아 어, 히브리 어, 아랍 어를 자유자재로 구사했다. 말도 아버지 군대의 기사들브다 더 잘 탔다.

파라오는 근위병에게 나가 있으라는 신호를 보내고 딸과 단둘이 남았다.

"이제 왔구나, 클레오파트라. 가정교사*들 말은 여전히 안 듣고 호위도 받지 않고 외출한다지."

"네, 아버지. 아버지의 새 로마 친구들과 함께 궁전에 있는 것보다는 낫지요."

"버릇없이 굴지 마라. 너는 지금 네가 무슨 말을 하는지도 모른다!"

"그럼 베레니케는 꼭 처형시켜야만 했나요?"

가정교사
한 아이의 교육을 맡은 사람.

클레오파트라는 마음 속 깊이 존경하던 아버지를 원망했다. 프톨레마이오스는 한숨지었다. 왕위를 지키기 위해 싸우는 데 지친 그는 클레오파트라가 자기편이기를 바랐다.

"이것 보렴, 클레오파트라. 네 언니 일은 어쩔 수 없었단다. 네 언니가 너와 네 동생 아르시노에*, 남동생들을 오래 살려 뒀을 것 같으냐? 더 이상 음모를 못 꾸미게 하고 파라오의 권력을 훼손시키려는 자들은 어떻게 되는지 보여 주려고 한 일이란다."

"그런데 로마 사람들은 왜 여기 있게 하시는 거죠? 아버지는 백성들의 분노를 사고 있어요. 백성들을 불만스럽게 만들면 어떤 대가를 치러야 하는지 잘 아시잖아요. 아버지를 또 추방시킬 수 있다고요. 알렉산드리아 사람들은 로마 군단을 이루는 갈리아* 사람들과 게르마니아* 사람들 무리를 아주 싫어해요. 그러니 떠나라고 하세요!"

"그럴 수 없단다. 나와 함께 온 로마 인 가비니우스는 내가 이곳으로 돌아올 준비에 드는 많은 돈을 내게 빌려 주었어. 군단은 내가 권력을 유지할 수 있도록 보장해 주고 있는 거란다."

"하지만 아버지, 외국 군대에 의존하는 권력이 무슨 가치가 있나요?"

아르시노에(4세)
이집트 왕 프톨레마이오스 12세의 막내딸.

갈리아
고대 유럽의 켈트 인이 기원전 6세기부터 살던 지역. 현재의 프랑스, 벨기에 전 지역과 이탈리아 북부, 네덜란드 남부, 독일의 라인 강 유역, 스위스의 대부분을 포함하였으나, 기원전 1세기 무렵 로마의 카이사르에게 정복되어 로마령이 되었고, 이후 프랑크 족, 게르만 족에게 점령당하였다.

게르마니아
고대 유럽, 민족 대이동 이전에 게르만 족이 거주하던 지역. 동쪽은 비스와 강, 서쪽은 라인 강, 남쪽은 다뉴브 강, 북쪽은 발트 해에 이르는 중부 유럽 일대로, 지금의 독일·폴란드·체코·슬로바키아에 해당한다.

"너는 나의 뒤를 이어 네 남동생 곁에서 이 나라를 통치할 것이다. 너는 아마 이집트에 과거의 영화를 되찾아 줄 수 있을 거야. 너는 프톨레마이오스 소테르와 알렉산드로스 대왕*의 후계자니까."

그녀의 아버지가 무슨 말을 한 것인가? "네가 통치할 것이다"라니? 그는 그녀를 후계자로 생각하고 있었던 것이다! 그렇지만 일찍부터 파라오의 첩*, 게다가 이집트 여자의 딸은 적자*가 아니고 왕위를 바래서도 안 된다고 들어 왔다.

클레오파트라는 자기 운명이 바뀔 것임을 알아차렸다. 그녀는 언젠가 이집트의 파라오가 될 것이다.

알렉산드로스 대왕
이집트와 아시아 일부를 정복한 마케도니아의 왕(기원전 356년~기원전 323년). 그는 기원전 332년에 알렉산드리아를 건설했다.

첩
정식 아내 외에 데리고 사는 여자.

적자
첩이 아닌 혼인한 아내가 낳은 아들.

기원전 323년, 알렉산드로스의 죽음 이후, 프톨레마이오스 가문은 라기데스 왕가를 세웠다. 그리스 출신의 이 파라오들은 3세기 동안 이집트를 통치했다. 클레오파트라는 라기데스 왕가의 마지막 여왕이었고 로마에 합병되기 전 마지막 파라오였다.

프톨레마이오스 가문

그들은 알렉산드로스의 사령관이었던 그리스 인 라고스의 후손들이다. 그의 이름을 따 라기데스 왕가라고 했던 것이다. 그의 아들 프톨레마이오스 소테르는 이집트 전통을 따랐고 파라오가 되었다. 그 후 열다섯 명의 프톨레마이오스가 그의 뒤를 이었다.

▲ 프톨레마이오스 1세 소테르(구원자). 프톨레마이오스 라기데스 왕조의 설립자, 은화 테트라드라크마, 기원전 3세기, 예루살렘

파라오의 아내들

파라오의 아내들은 참여 의식이 아주 강했다. 왜냐하면 파라오 전통은 왕이 혼자서만 통치하지 않도록 했기 때문이다. 왕은 자기 누이나 같은 가문의 여자를 아내로 맞았다. 이것은 이시스 여신과 그녀의 오빠 오시리스의 신성한 결혼을 모방한 것이었다. 파라오가 통치하기에 너무 어릴 때는 때때로 파라오의 아내가 혼자 통치했다. 베레니케 4세와 클레오파트라 7세의 경우가 바로 이런 예이다.

▲ 클레오파트라 1세 혹은 2세의 두상. 기원전 2세기

▶ 페르시아 군과 싸우는 알렉산드로스 대왕. 모자이크, 폼페이 목신의 집, 나폴리

알렉산드로스 대왕

강력한 군대를 이끌고 그리스를 떠난 마케도니아의 알렉산드로스는 지중해의 동쪽 연안을 금방 정복했다. 그 후 아시아의 알려진 세상의 끝까지 정복했다. 그는 이집트를 페르시아로부터 해방시켰고 알렉산드리아를 건설했다. 그는 멤피스에서 그곳 사제들의 지지로 이집트의 파라오가 되었다.

파라오, 신

파라오는 살아 있는 신으로 여겨졌다. 그는 지상의 모든 부를 소유하는 자였다. 그는 이집트 최고의 대사제의 임무를 맡았다. 성대한 의식이 있을 때 파라오는 빨간색과 흰색의 이중 왕관을 썼다. 이 왕관은 (남쪽의) 상이집트와 (북쪽의) 하이집트의 상징이다. 도리깨와 목동 지팡이인 두 개의 왕홀은 파라오가 백성을 인도하고 보호한다는 것을 의미한다.

파라오, 절대적인 왕

파라오는 통치하고, 정당하게 평가하고, 무역과 외무를 관장하고, 군대를 지휘했다. 고문관들과 관리들이 파라오를 보좌했다.

◀ 프톨레마이오스 7세, 기원전 164년경, 이드푸 신전

▼ 채찍과 지팡이, 투탕카멘의 무덤, 금, 파란색 흑요석과 청동, 제18왕조, 카이로

너는 아마 이집트에 과거의 영화를 되찾아 줄 수 있을 거야. 너는 프톨레마이오스 소테르와 알렉산드로스 대왕의 후계자니까.

차지해야 할 왕위

몇 미터의 주랑*들을 지나 클레오파트라는 큰 회의실에 이르렀다. 그곳에서는 왕실 자문회의가 열리고 있었다. 클레오파트라는 늦었지만 적들을 대면하는 데 서두를 것이 없었다.

그녀는 아버지가 돌아가신* 후 3년 간 동생 프톨레마이오스 13세 옆에서 통치를 했다. 파라오의 전통에 따라 그녀는 남동생과 결혼해서* 이집트의 왕비가 되었다.

그러나 그녀는 권력을 유지하기 위해 싸워야만 했다. 또한 통치하기엔 너무 어린 남동생의 조언자들에게 제거당하지 않기 위해서도 싸워야 했다.

그녀는 턱을 치켜들고 이마 위로 흘러내린 머리칼을 옆으로 넘기면서 당당하게 회의실 문턱을 들어섰다.

그때 병사가 그녀의 도착을 알렸다.

주랑
콜로네이드. 건축에서, 수평의 들보를 지른 줄기둥이 있는 회랑(주요 부분을 둘러싼 지붕이 있는 긴 복도). 고대 이집트 시대부터 썼으며 그리스, 로마 시대에 발달하였다.

아버지의 죽음
프톨레마이오스 12세는 기원전 51년에 죽었다. 그때 클레오파트라는 18세였다.

남동생과 결혼하다
신들만이 같은 혈통끼리 결혼할 수 있듯이, 신의 화신인 파라오는 자기 누이와 결혼했다.

필로파토르
그리스 어로 '아버지를 사랑하는 자'.

두 땅의 주인
상·하 이집트를 지배한다는 것을 강조하는 칭호.

우아스 왕홀
개머리 모양을 한 왕홀로, 신들과 이집트 왕들의 상징물.

"왕비이신 클레오파트라 필로파토르*, '두 땅의 주인'* 드십니다."

클레오파트라는 시종들에게는 주의를 기울이지 않았다. '궁정 예식은 너무 갑갑해.'라고 생각하면서 그녀가 지나갈 때 절을 하는 왕국의 고위 관리들을 살펴보았다. 특히 그리스 고위 관리들은 화려하게 수놓인 자주빛 튜닉을 입고 있어서 눈에 띄었다.

그녀는 한눈에 최대의 적들을 알아보았다. 동생 오른쪽에 있는 어린 파라오의 가정교사 포티누스와 국방 장관 아킬라였다. 그녀가 자리에 앉기도 전에 프톨레마이오스 13세는 퉁명스럽게 말했다.

"당신이 올 줄 몰랐소, 클레오파트라!"

클레오파트라는 웃지 않을 수 없었다. 예전에 아버지가 우아스 왕홀*을 쥐고 당당히 앉아 있던 거대한 왕좌에 높이 앉아 있는 열두 살의 남동생이 우스꽝스러워 보였기 때문이다. 허약하고 불안정한 이 애어른은 쿠션 위에 앉아 온몸을 계속 흔들어 댔고 바닥에 닿지 않는 발을 허공에서 건들거리고 있었다.

남동생보다 여덟 살이 더 많은 클레오파트라는 그가 자라는 걸 봐 왔다. 그녀는 그가 변덕스럽고 화를 잘 낸다는

걸 알고 있었다. 그의 가정교사 포티누스는 권력을 장악하기 위해 재빨리 자신의 영향력을 이용했다.

  클레오파트라는 대답도 없이 프톨레마이오스 13세 옆에 앉았다. 그녀는 자신의 비서 디오메데스에게 가까이 오라고 살짝 손짓했다. 클레오파트라가 들어올 때 파라오의 명

상이집트
나일 강의 수원에서 가장 가까운 이집트 지역. 하이집트는 나일 강 삼각주 지역이다.

총독
식민지 통치 기구의 우두머리.

노모스
고대 이집트의 행정 구역. 현재의 도에 해당한다.

대사제
신전의 최고 사제.

령으로 잠시 말을 멈췄던 관리가 말을 이었다.

"테베의 칼리마코스, 상이집트*의 총독*입니다. 좀 전에 말씀드렸듯이, 2년 전부터 상황이 나빠지고 있습니다. 나일 강 수위가 낮아서 많은 수확을 하기 힘들고, 노모스*에서는 농민들이 세금을 다 내지 못하고 있습니다."

"우리가 백성들을 학대하고 있다고 감히 비난하는 것이냐?"

프톨레마이오스가 나무랐다.

"아닙니다, 파라오님. 하지만 며칠 전에 이드푸에 있는 호루스 신전이 굶주린 농민들에게 약탈당했습니다. 밀의 생산과 왕국의 안정이 농민들에게 달려 있습니다. 그런데 농민들은 또다시 굶주리고 있습니다."

"농민들이 반란을 일으키도록 만드는 건 바로 그 몹쓸 대사제*들이야. 대사제들은 기회가 닿기만 하면 이집트 사람들이 그리스 사람들에게 원한을 품도록 부추기고 있어. 조만간 대사제들의 입을 막아 버릴 것이야!"

프톨레마이오스는 큰소리를 쳤다.

고위 관리는 파라오에게 더 이상 맞서지 못한 채 아무 말 없이 절을 하고 물러났다.

"바보 같으니라고."

클레오파트라는 비서의 귀에 대고 속삭였다. 남동생은 자기가 무슨 실수를 저지르는지 알기나 하는 걸까? 이시스 대사제의 고문*이 회의실 뒤쪽에 있었다.

이집트 전통에 따라 머리를 밀고 흰옷을 입은 한 남자가 뒤쪽에 물러서서 주의 깊게 얘기를 듣고 있었다.

포티누스는 이번에는 재정을 맡고 있는 궁정의 한 서기관을 불렀다. 관습에 따라 그 남자는 무릎을 꿇고 바닥에 입을 맞췄다. 그리고 파라오가 일어서라고 할 때까지 파라오를 찬양했다.

"걱정이 되는 건 사실이옵니다. 물가가 오르는 바람에 우리 생산품들이 너무 비싸져 수출*이 줄어들고 있습니다. 그런데 아시다시피 수출이 줄어들면 왕실 금고의 돈이 줄어듭니다. 금이 부족해질까 두렵사옵니다."

서기관이 말했다.

"그게 무슨 말이냐? 그렇다면 다른 세금을 올려라!"

프톨레마이오스가 고함을 질렀다.

"그러기는 어렵사옵니다. 가난한 백성들은 이제 아무것도……."

남동생의 무능력함에 충격을 받은 클레오파트라는 직접 나서기로 결심했다.

고문
어떤 분야에 대하여 전문적인 지식과 풍부한 경험을 가지고 자문에 응하여 의견을 제시하고 조언을 하는 직책. 또는 그런 직책에 있는 사람.

수출
외국에 물품을 파는 것

"상황이 좋지 않다는 것은 알겠소. 재산이 있는 사람들에게서 돈을 빌려 와 파라오의 금고를 채울 것을 명하오."
"그건 말도 안 됩니다! 당신이 결정할 일이 아니오!"
포티누스가 외쳤다.

"포티누스, 말조심하시오. 나는 왕비요. 서기관, 갈대 펜*을 꺼내 내가 방금 말한 법령을 적도록 하라."

클레오파트라는 손을 들어 관리들이 물러가도록 했다. 남동생은 그녀가 왕국의 국정에서 막 인정을 받았다는 것을 너무 늦게 깨달았다. 젊은 왕비의 개입*에 치욕*을 느낀 포티누스는 화가 나 얼굴을 붉힌 채 회의실 기둥 뒤에서 기다리고 있었다. 클레오파트라가 다가오자 그는 어둠 속에서 갑자기 튀어나와 그녀의 팔을 잡고서 증오에 찬 눈길로 그녀를 노려봤다.

"조심해, 마녀야! 넌 한낱 여자일 뿐, 나는 알렉산드리아 백성들을 네게 대항하게 만들 수 있다고. 복도 모퉁이에서 네게 불행이 닥칠 수도 있단 말이야."

"이것 놓아라, 포티누스. 그렇지 않으면 근위병을 부르겠다! 신*에게 손을 대서는 안 된다는 걸 잊었느냐?"

클레오파트라는 멸시하듯 대꾸했다.

끔찍한 긴장감이 감돌았고 때마침 다가온 디오메데스가 분위기를 알아챘다.

"무슨 문제라도 있으십니까, 왕비님?"

"아무 일 없어요, 디오메데스. 걱정 말아요. 포티누스가 나에게 통치하는 법을 가르쳐 주려고 했을 뿐이에요!"

갈대 펜
글 쓰는 데 사용하기 위해 다듬은 갈대.

개입
자신과 직접적인 관계가 없는 일에 끼어듦.

치욕
수치와 모욕을 아울러 이르는 말

신
파라오는 신처럼 여겨졌다. 파라오는 호루스신의 화신이기 때문이다.

자존심 강한 클레오파트라는 애써 감정을 누그러뜨리며 회의실을 떠났다. 그녀가 불안해하는 것을 느낀 디오메데스는 곧바로 클레오파트라에게 다가가 물었다.

"포티누스 때문이에요. 그가 나에 대한 음모를 꾸밀까 두려워요. 나를 쫓아내거나 더 심하게는 나를 암살하려 들지도 몰라요. 내가 누구를 믿을 수 있겠어요? 아킬라는 우리 군대의 수장*이고 남동생을 지지하고* 있어요. 또한 알렉산드리아 백성들은 포티누스의 선동대*로 움직이고 있어요. 그는 알렉산드리아 백성들에게 여자는 결정을 내릴 수 없고 내가 아버지보다 통치를 못한다고 믿게 만들고 있어요. 그렇지만 나는 누구보다도 이 왕국을 잘 통치할 수 있다고요."

클레오파트라는 설명했다.

"저도 그렇게 생각합니다. 게다가 왕비님이 이집트를 통치한 첫 번째 여자도 아니고요. 왕비님 이전의 다른 왕비님들도 파라오가 통치할 수 있는 나이가 될 때까지 왕국을 대신 통치했습니다. 왕비님의 권위는 문제될 것이 없습니다. 아버지 파라오께서 왕비님을 후계자로 분명히 지목하셨으니까요."

"맞아요. 하지만 동맹군을 구해야 해요. 그리스 사람들

수장
장수 가운데 우두머리.

지지하다
어떤 사람이나 단체 따위의 주의, 정책, 의견 따위에 찬동하여 이를 위하여 힘을 쓰다.

선동대
남을 부추겨 어떤 일이나 행동에 나서도록 하기 위하여 결성한 단체.

중에서 구할 수 없다면 이집트 사람들 중에서라도 말이에요."

"무슨 생각이 있으신 거지요, 클레오파트라?"

디오메데스가 물었다.

"대사제들이 해결책이에요! 대사제들이 나를 지지해 줘야 해요. 그러면 이집트 전체는 나를 파라오로 인정할 거예요."

"대사제들을 구슬리기란 쉽지 않을 겁니다. 그들에게 그리스 사람들은 선조의 권력과 부를 앗아 간 침입자들일 뿐입니다. 그리고 왕비님은 모든 라기데스 왕가와 마찬가지로 마케도니아 사람, 그러니까 그리스 사람이고 말입니다."

"부분적으로만 그렇죠. 하지만 그걸 잊지 마세요. 내 어머니는 이집트 사람이었고 나는 그들의 언어로 말을 해요. 마르디온을 불러서 상이집트로 공식 여행을 떠날 준비를 하라고 하세요. 내가 직접 가서 대사제들과 얘기해 보겠어요."

몇 주 후, 클레오파트라는 근위대와 함께 상이집트로 들어갔다.

그녀는 이시스* 여신의 모습을 뜻하는 검은 가발과 긴

이시스
오시리스의 여동생이자 아내인 여신. 여자들의 수호신.

튜닉 차림으로 길을 떠났다. 그녀는 이 여신의 상징물을 적절하게 사용한 것이다. 그녀는 이집트의 종교와 문화를 신봉*한다는 것을 분명하게 내보였다.

충실한 시녀 샤르미온은 이 대여행에 그녀를 따라나섰다. 샤르미온은 젊은 여주인의 용기에 깜짝 놀랐다. 이 여행은 언제 끝날까? 그녀는 배를 얼마나 탔는지, 말을 타고 얼마나 왔는지 더 이상 생각하지 않았다. 시골과 사막을 지나고, 불편한 야영지에서 밤을 보내고, 또 다른 신전, 또 다른 도시로 다시 출발하곤 했다.

헬리오폴리스, 기자, 멤피스, 아시우트 등을 지나왔다. 클레오파트라는 단다라 신전*을 거쳐 테베*로 가려 했다.

몇 달에 걸친 여행 끝에 마침내 귀환의 신호가 떨어졌다. 클레오파트라는 대사제들의 지지를 약속받았다. 그녀는 이제 수도로 다시 향할 수 있게 된 것이다.

신봉
사상이나 학설, 교리 따위를 옳다고 믿고 받듦.

단다라 신전
프톨레마이오스 왕가가 건설한 성소에는 이시스와 연관이 있는 하트르 여신에게 바쳐진 거대한 신전이 있다.

테베
대사제들이 통치하는 이집트의 옛 수도.

이집트의 풍요로움은 무엇보다 나일 강의 수위에 달려 있었다. 나일 강의 범람은 풍작을 보장해 주었다. 농업은 파라오의 행정관들이 효과적으로 관리했다. 나라는 그리스 왕국들 중 가장 부유했지만 이집트 농부들은 가난했다.

번영하는 왕국
이집트 사람들은 사막 한가운데 유일한 물줄기인 나일 강 유역에서 생활했다. 6월에 강물이 넘치면서 귀한 진흙을 실어다 주어 땅을 비옥하게 만들어 주었다. 그러면 곡식, 리넨, 파피루스나 기름의 수확이 풍부해졌다. 수확물들은 땅의 주인인 파라오의 것이었고 대부분 외국으로 수출되었다. 그 덕분에 이집트는 아주 부유한 왕국이 되었다.

운송
나일 강에서는 배로 사람, 수확물, 물자들을 운반했다. 그다음에는 걸어서 또는 당나귀에 실어서 목적지까지 운반했다.

관리들
계급화된 행정 관리들이 파라오를 위해 일했다. 지방 관리들은 생산물을 감시했다. 그들은 사령관에게 복종했다. 사령관은 오늘날 수상에 해당하는 재상의 명령을 따랐다. 관리들의 권력 남용은 흔한 일이었고 농부들은 자주 이에 반란을 일으켰다.

▲ 포도주 항아리. 기원전 3000년

▲ 나룻배. 366번 무덤, 베니하산, 케임브리지 대학교

문화
주된 농작물인 밀은 이집트 사람들의 주식인 빵을 만드는 데 사용되었다. 보리는 맥주를 만드는 데 사용되었다. 다른 농작물들도 많았다. 콩, 오이, 파, 대추야자, 무화과, 포도 등.

▲ 하인들이 농부와 아내 앞에서 밭의 크기를 재고 있다. 멘나의 무덤, 귀족들의 골짜기, 테베

▲ 불어난 나일 강물, 1900년 사진

2년 전부터 상황이 나빠지고 있습니다. 나일 강 수위가 낮아서 많은 수확을 하기 힘들고······.

▼ 가축 돌보기. 네바문의 무덤, 귀족들의 골짜기, 테베

가축
이집트 사람들은 암소, 양, 염소와 돼지뿐만 아니라 거위, 오리와 비둘기도 길렀다. 비둘기 고기는 연회에 즐겨 사용되었다. 씨 뿌리는 시기에는 땅을 밟아 씨를 묻는 데 가축을 사용했다.

도망

클레오파트라가 알렉산드리아로 돌아온 후, 상황은 더 나빠지기만 했다. 남동생의 고문 포티누스의 선동*은 효과가 있었다. 그녀는 왕국에 관한 결정을 내릴 수도 없었다. 또한 그녀가 궁전 밖으로 나가면 폭동이 일어나기에 한 걸음도 밖으로 나갈 수 없었다.

그녀는 창을 통해 술렁이는 도시를 지켜보았다. 가게 골방과 선술집에서는 사람들이 반란을 준비하고 있다는 것을 그녀는 알고 있었다.

그녀는 결정을 기다리고 있는 디오메데스에게 몸을 돌렸다. 그의 옆에는 거구*의 시칠리아*인 아폴로도로스가 있었다. 이 거인은 왕비의 가장 충실한 친구였다.

"모든 준비가 끝났나요?"

클레오파트라가 물었다.

선동
남을 부추겨 어떤 일이나 행동에 나서도록 함.

거구
거대한 몸집.

시칠리아
이탈리아 반도 남서쪽 끝에 있는 섬. 지중해에 있는 섬 가운데 가장 크다.

자금
특정한 목적에 쓰는 돈.

아슈켈론
현재의 이집트와 팔레스타인 사이에 위치한 도시 국가. 클레오파트라의 동맹.

외국인 용병
돈으로 모집한 외국인 병사.

기사
말을 탄 무사.

리넨
아마(亞麻)의 실로 짠 얇은 직물을 통틀어 이르는 말.

버겁다
물건이나 세력 따위가 다루기에 힘에 겹거나 거북하다.

"네."

아폴로도로스가 대답했다.

"군대에 필요한 자금*을 모았습니다. 군대는 아슈켈론* 근처에서 기다리고 있습니다."

"좋아요. 그럼 어서 피합시다. 지금은 그것이 유일한 해결책이에요."

그녀는 힘없이 말했다.

몇 달 후, 사막 끝의 페루자 근처에 외국인 용병* 부대와 함께 피해 있던 클레오파트라는 알렉산드리아에서 오는 사신을 애타게 기다렸다.

그녀는 자갈과 모래, 뜨거운 낮과 살을 에는 밤을 잘 견뎌 내고 있었다. 그녀가 견딜 수 없는 것은 바로 기다림이었다.

그때 갑자기 말발굽 소리가 들렸다. 모래 바람이 그녀의 얼굴을 때렸다. 헝클어진 머리칼이 자꾸 눈으로 들어와 기사*의 모습을 구분하기 힘들었다. 리넨* 튜닉이 그녀의 가냘픈 몸에 붙어 약해진 모습이 드러났다.

아폴로도로스는 그런 그녀를 보면서 스물한 살의 젊은 여자에게 지워진 버거운* 운명에 대해 생각했다. 그는 힘센 팔을 그녀의 어깨에 둘러 폭풍을 피할 수 있는 곳으로 데려갔다.

"아폴로도로스 당신이에요? 터번*을 쓰고 있어서 못 알아봤어요. 어떤 소식을 가져왔나요?"

"왕비님의 남동생은 왕비님과 싸울 가능성이 없습니다. 내일 율리우스 카이사르*의 명령으로 알렉산드리아에 있어야 하니까요."

"카이사르라고요? 카이사르가 알렉산드리아에서 뭘 하는 거죠?"

"자기 적수인 폼페이우스*를 쫓아왔답니다. 폼페이우스가 파라오의 도움을 요청했지만 그 바보 같은 포티누스의 충고로 왕비님의 남동생이 폼페이우스를 살해했습니다. 그리고 그의 머리를 쟁반에 받쳐 카이사르에게 보냈습니다. 카이사르의 총애를 받으려고 말입니다. 그런데 카이사르는 엄청나게 화를 내며, '로마에는 정의가 있노라. 우리는 시민을 살해하지 않는다.'라고 말했답니다. 그 뒤 카이사르는 군대를 이끌고 궁전 구역에 자리를 잡았습니다."

"하지만 카이사르가 동생을 만난다면, 동생을 유일한 이집트의 왕으로 인정하게 될 거예요. 내가 꼭 카이사르를 먼저 만나야 해요!"

터번
이슬람교도나 인도인이 머리에 둘러 감는 수건.

율리우스 카이사르
로마의 군인·정치가(기원전 100~기원전 44년). 크라수스, 폼페이우스와 더불어 제1차 삼두 정치를 수립하였으며, 갈리아와 브리타니아에 원정하여 토벌하였다. 크라수스가 죽은 뒤 폼페이우스마저 몰아내고 독재관이 되었으나, 공화 정치를 옹호한 카시우스롱기누스, 브루투스 등에게 암살되었다.

폼페이우스
로마 장군(기원전 106~기원전 48년).

"그건 힘듭니다! 어떻게 알렉산드리아에 가려고 하십니까? 또한 성벽을 넘어 궁전 구역까지 어떻게 가시려고 합니까? 근위병들이 곳곳에 있습니다. 양탄자 상인도 들어갈 수 없습니다."

"잠깐, 양탄자 상인이라…… 내게 아주 좋은 생각이 있어요!"

밤이 되자 클레오파트라는 야영지를 떠났다. 아폴로도로스는 그 지역을 잘 알고 있었고 그날 밤 달은 뜨지 않았다. 그들은 아킬라 대대 사이로 들키지 않고 무사히 지나왔다.

그들은 알렉산드리아로 열심히 달렸다. 소집일 전에 도착하기 위해서는 이틀도 채 남아 있지 않았다. 나일 강의 여러 지류*를 건넌 후 그들은 말을 버리고 작은 나룻배를 탔다. 그 안에는 계획대로 큰 양탄자가 들어 있었다.

"준비되셨죠?"

아폴로도로스가 양탄자를 펴면서 물었다.

그녀는 그렇다고 대답하고는 누워서 자신을 양탄자로 둘둘 말았다. 팔도 다리도 꼼짝할 수 없었다. 숨을 쉴 때마다 허파가 먼지로 가득 차는 것 같았다. 나룻배 준비를 맡은

지류
강의 원줄기로 흘러들거나 원줄기에서 갈려 나온 물줄기.

사신이 양탄자 터는 것을 잊은 게 분명했다. 여러 시간 동안 노 젓는 소리가 들렸다. 마침내 아폴로도로스가 그녀에게 속삭였다.

"운하*를 통해 도시로 들어갑니다."

'휴, 다행히 병사들이 우리 배를 검사하지 않았구나!'

그녀는 생각했다. 이제 카이사르의 근위병을 속이는 일만 남아 있었다.

배가 땅에 닿는 소리를 듣고 그녀는 궁전의 다리에 도착했다는 걸 알 수 있었다. 곧이어 그녀는 번쩍 들려져 재빠르게 어깨 위에 걸쳐지는 걸 느꼈다. 그녀는 너무 아파서 신음 소리를 냈다.

"쉿!"

운하
배의 운항이나 물의 이용 따위를 위하여 육지에 파 놓은 물길

아폴로도로스가 엄하게 말했다.

"거기 누구냐?"

"클레오파트라 왕비님의 사신*입니다. 이 선물을 카이사르 님께 전해야 합니다."

"안 된다. 너무 늦었다. 그 양탄자를 내게 맡겨라."

근위병이 꾸러미를 살펴보면서 말했다.

"내일 아침이 되자마자 전해 드리겠다."

"왕비님께서 꼭 직접 전해 드리라고 명령하셨습니다. 그렇게 하지 않으면 저는 죽은 목숨입니다!"

"이집트 왕이 보낸 선물이라고 했느냐?"

카이사르가 나타나더니 방문자*를 살펴보았다.

"그러하옵니다, 카이사르 님. 카이사르 님 발아래 이집

사신
임금이나 국가의 명령을 받고 외국에 사절로 가는 신하.

방문자
어떤 사람이나 장소를 찾아오는 사람.

트를 펼치게 해 주십시오."

아폴로도로스가 얼른 침착하게 말했다.

그리고 나서 어깨에서 양탄자를 내려 한쪽 끝을 잡고 힘차게 펼쳤다. 더럽고 구겨진 옷을 입은 클레오파트라가 깜짝 놀란 로마 인의 발아래 모습을 드러냈다.

그녀는 지금 상황에서 최대한 근엄하게 그를 마주 대하려고 몸을 일으켰다. 그녀는 자신이 얼마나 매력적인지 알지 못했다. 카이사르는 그녀를 주의 깊게 살펴보았다. 그녀가 눈부시게 아름다웠기 때문이 아니라 그녀의 우아함과 대담함이 그의 마음을 흔들어 놓았기 때문이었다.

그리고 나자 상황이 우스꽝스럽다는 생각이 들었다. 그는 클레오파트라를 따라 크게 웃음을 터뜨렸다. 그리고 그녀가 어떻게 이런 생각을 했을까 궁금해졌다. 웃음이 그치기까지 시간이 조금 걸렸다.

조금씩 냉정을 되찾은 클레오파트라는 카이사르에게 이렇게 아무도 몰래 찾아오게 된 이유를 설명하기 시작했다. 이집트의 부와 강력한 로마 군대를 합치면 그들은 둘 다 모두가 인정하는 지중해*의 주인이 될 수 있을 것이라고 했다.

그러기 위해서는 클레오파트라가 파라오의 자리를 되찾

지중해
유럽, 아시아, 아프리카 세 대륙에 둘러싸인 바다. 고대에 이집트, 페니키아, 그리스, 로마에 의하여 지중해 문화권이 형성된 바 있으며, 경제·군사적으로 중요한 지역이다.

도록 카이사르가 도와주어야 한다는 것이다.

카이사르는 이 젊은 왕비의 굳은 의지와 야심에 놀랐다. 그녀는 그에게 동맹을 제안했다. 그는 그녀의 동의 없이도 그녀의 왕국을 차지할 수 있는데 말이다! 그러나 그녀가 너무나 활기차고 너무나 정열적이어서 그는 기꺼이 대화를 이어 나갔다.

그렇게 밤이 지났고 두 사람은 아주 이상한 만남의 매력에 사로잡혔다.

기원전 3세기에 이탈리아를 정복하고 카르타고에서 승리를 거둔 후 로마는 스페인과 갈리아로 뻗어 나갔다. 그런 다음 그리스를 손에 넣었고 페르가몬 왕국을 물려받아 아시아의 속주로 만들었다. 그렇게 해서 로마 인들은 지중해의 주인이 되었다.

▲ 파르티아 병사. 1세기, 테헤란

로마 제국
제국의 단합을 유지하기 위해 로마 사람들은 제국을 총독이 관할하는 속주로 분할하고 속주들을 도로망으로 연결했다. 로마 사람들은 정복한 민족들의 관습과 종교를 존중했다.

로마군
잘 훈련되고 규율을 잘 따르는 로마 군대는 직업군이었다. 로마 군단의 병사들 외에도 용병군으로 활동하는 병사들은 병합된 영토에서 모집했다. 그들은 대부분 특별한 능력을 가지고 있었다. 동방의 사수들은 명성이 아주 높았다. 그들은 군 생활이 끝나면 로마 시민권을 얻었다.

▶ 로마 장교와 병사들. 2세기

▼ 갈리아 전사. 고대 미술관, 베를린

갈리아 정복
갈리아는 부유했고 인구가 많았지만 분열되어 있었다. 카이사르는 갈리아를 정복하는 데 이 점을 이용했다. 아르베르니의 수장이었던 베르킨게토릭스는 갈리아의 여러 부족을 모아 게르고비아에서 크게 승리를 거뒀다. 그러나 기원전 52년, 알레시아에서의 패배로 갈리아는 항복했고 로마의 속주가 되었다.

▲ 메디아 병사들. 기원전 710년경

이집트의 **부**와 강력한 로마 **군대**를 합치면
그들은 지중해의 **주인**이 될 수 있을 것이다.

메디아
이란의 이 부족은 역사에 별 자취를 남기지 않았다. 그들은 전차로 이동했고 말과 양을 키웠으며 여러 유목 부족으로 분열되어 있었다. 이 부족은 이집트의 동맹이었고 자주 파르티아와 대립했다.

파르티아
아시아 대초원 출신의 유목민족인 파르티아는 현자의 이란 지역에 자리를 잡았다. 알렉산드로스에게 패한 그들은 알렉산드로스가 죽자 셀레우코스 왕조의 치하에서 해방되었다. 기원전 53년, 로마군에게 크게 이긴 후, 그들은 로마의 가장 큰 강적이 되었다. 고대 페르시아 제국의 주인이자 호전적인 전통과 훌륭한 조직력을 갖춘 그들은 지중해 동부로 영향력을 넓히려 했다. 그리고 유대 지역까지 진출하여 로마의 지배 아래 있는 영토를 위협하려 했다.

◀ 안티오코스 4세, 콤마게너 (시리아 북동쪽에 있는 작은 그리스 왕국) 왕

알렉산드리아 전쟁

　궁전의 벽화와 장식 융단 위로 새벽 햇빛이 벌써 비쳐 들어오고 있었다. 카이사르는 햇빛에 비쳐 불그스름해진 그림들의 섬세함에 감탄하고 있었다.
　금박으로 뒤덮인 **내장재***의 찬란함, 벽옥과 거북 등 껍데기 장식을 붙여 **흑단***과 **상아***로 만든 멋진 가구, 금실로 수놓은 화려한 비단을 드리운 침대에 박혀 있는 수많은 에메랄드. 이 모든 것이 이집트 왕의 부를 드러내고 있었다. 호사스러움과 아름다움이 궁전 곳곳에 넘쳐흘렀다. 그러나 그는 알렉산드리아의 보석 중 가장 아름다운 보석을 곁에 두고 있었다.
　그는 클레오파트라의 뺨으로 부드럽게 손을 뻗었다. 그녀는 표범 다리의 **트리클리니움***에 누워 그의 어깨에 기댄 채 졸고 있었다. 카이사르를 불안하게 하는 의문들을 짐작

내장재
건축물의 내부에 대한 마무리와 장식을 하는 데 쓰는 재료.

흑단
감나뭇과의 상록 활엽교목. 높이는 6미터 정도이며, 잎은 어긋나고 긴 타원형이다. 가구, 악기, 지팡이 따위의 재료로 쓴다.

상아
코끼리의 엄니. 위턱에 나서 입 밖으로 뿔처럼 길게 뻗어 있다.

트리클리니움
세 사람이 비스듬히 누울 수 있는 긴 소파.

하기는커녕 기진맥진해서 말이다. 53세인 카이사르는 강했고, 자기 운명과 로마 사람들 운명의 주인이었다.

그는 이곳에 로마의 우위*를 일깨우기 위해 온 것이지 젊은 여자의 매력에 빠지려고 온 것은 아니었다. 비록 그녀가 파라오라 할지라도 말이다. 그렇지만 지금까지 그가 만난 여자들 중 어느 누구에게도 이렇게 마음이 설렌 적은 없었다. 그녀의 매혹적인 목소리, 깊은 눈망울의 불꽃을 어떻게 잊을 수 있겠는가? 그러나 그는 무엇보다 자신의 정치적 야망*에 충실하기로 마음먹었다.

그는 그녀를 흔들어 깨웠다. 클레오파트라는 우아하게 기지개를 폈다.

"시간이 늦었나요?"

그녀는 하품을 하면서 물었다.

"아니, 이제 날이 밝아 오고 있소. 당신 남동생 프톨레마이오스를 만나러 갈 준비를 해야 하오."

카이사르는 무뚝뚝하게 대답했다.

"왜 그렇게 차갑게 말씀하시는 거죠?"

클레오파트라는 깜짝 놀랐다.

"당신은 젊지만 순진하오. 당신은 내가 당신의 권력을 되찾도록 도와주기를 바라지만, 나는 여기 로마의 이익을

우위
남들보다 나은 위치나 수준.

야망
크게 무엇을 이루어 보겠다는 희망.

지키기 위해 왔지 당신의 이익을 위해 온 것이 아니오."

"하지만 우리의 이익은 같은 것일 수도 있어요."

"그건 내가 판단할 일이오."

"신들의 뜻도 무시하기로 했나요? 신들은 우리가 서로 만나 사랑하도록 결정하셨다고요."

클레오파트라는 하던 말을 끝낼 겨를이 없었다. 근위병이 프톨레마이오스의 도착을 알렸기 때문이다. 카이사르는 얼굴이 굳어졌다.

그는 토가*의 단추를 채운 후 꼿꼿하고 권위적인 모습으로 입구에 섰다.

프톨레마이오스는 방 안에 들어서자마자 갑작스레 걸음을 멈추었다. 누나를 본 것이다. 깜짝 놀란 그는 입을 크게 벌리고 눈이 휘둥그레져서 누나의 얼굴을 뚫어지게 바라봤다.

그는 누나가 죽은 줄 알고 있었다. 분명히 살해하라는 명령을 내렸었는데! 어떻게 벌써 카이사르 곁에 있을 수 있단 말인가? 도대체 언제부터 있었던 걸까?

그는 갑자기 상황이 이해되었다. 클레오파트라가 훌륭하게 선수*를 친 것이다. 그녀는 이미 카이사르를 자기편으로 만들어 놓았다.

토가
고대 로마 인이 입던 길고 펑퍼짐한 겉옷.

선수
남이 하기 전에 앞질러 하는 행동.

엄청나게 화가 난 프톨레마이오스는 도저히 참을 수 없었다. 제대로 말할 수조차 없는 그는 발을 동동 구르며 왕관을 바닥에 내동댕이쳤다.

"내가 아직 설명을 듣지 못한 특별한 예법이라도 있소?"

열두 살의 어린 소년의 태도를 재미있어하며 카이사르가 말했다.

"저, 내 누이가 여기 있는 거요?"

"당신과 마찬가지로 여기 있는 것 맞소! 내가 당신 둘 다 초대했소만."

카이사르는 저런 인물이 어떻게 이집트의 왕이 될 수 있었을까 궁금했다. 그는 시종에게 외투를 가져오라는 신호를 보내고는 방을 나가면서 이렇게 말했다.

"로마는 당신들을 합법적인 군주로 인정하오. 오늘 밤 공식 발표를 위한 연회를 준비시키시오. 그리고 왕실 보물 중에서 로마 인들에게 감사를 표하는 데 합당한* 선물을 마련하도록 하시오. 아, 잊은 게 있소. 왕비의 생명을 해치는 것은 유감스러운 일이 될 것이오. 나는 왕비의 보호자요. 물론 당신의 보호자이기도 하오!"

말을 끝낸 카이사르는 방을 나갔다. 그러자 어린 파라오는 있는 대로 화를 내며 누나에게 큰 소리로 엄청난 협박을

합당하다
어떤 기준, 조건, 용도, 도리 따위에 꼭 알맞다.

해 댔다.

누나가 아무 반응도 보이지 않자 그는 방을 나가기 전에 이렇게 말했다.

"누이여, 곧 복수가 따를 테니 젊음을 즐기시오. 카이사르는 이곳에서는 아무것도 아니오. 그동안 연회 준비를 하시오. 그것이 바로 파라오의 아내로서 할 수 있는 유일한 역할이니까!"

그날 밤 알렉산드리아의 모든 권력가들이 파라오와 왕비를 위한 화려한 연회에 참석했다. 카이사르는 맏이와 둘째를 후계자로 지목한 프톨레마이오스 12세의 유서를 읽었다.

그는 정치적 목적으로 키프로스*를 이집트에게 돌려줄 것을 약속했다. 특히 클레오파트라의 여동생 아르시노에와 다른 남동생을 키프로스의 통치자로 정했다. 그는 이 너그러운 행동으로 알렉산드리아 사람들에게 인정을 받았고 궁전의 대립에 종지부*를 찍었다.

클레오파트라는 카이사르의 말을 주의 깊게 들었다. 그녀는 어느 때보다 훨씬 더 위엄이 있었다. 그녀는 머리칼, 팔과 목에 금과 보석으로 만든 세련된 장신구를 하고 있었다. 세레스*에서 짠 비단으로 만든 옷은 그녀와 아주 잘 어

키프로스
지중해 동부 키프로스 섬을 차지하는 공화국. 터키의 남쪽, 시리아의 서쪽 해상에 위치하며, 유럽과 아시아, 아프리카의 세 대륙을 연결하는 교통의 요충지이다. 1960년에 영국에서 독립하였다.

종지부
'마침표'를 뜻함.

세레스
그리스·로마 인들은 중국 사람들을 이렇게 불렀다.

알렉산드리아 전쟁 ■ 55

시돈
페니키아의 도시 (현재의 리비아).

아틀라스 지방
북부 아프리카의 산악 지방.

울렸다. 시돈*의 베일은 그녀의 어깨를 감쌌다.

카이사르의 연설 후 연회가 시작되었다. 아틀라스 지방*의 숲에서 생산된 목재로 만든 왕실 탁자는 아시아에서 온 코끼리의 거대한 상아 위에 놓여 있었다. 최고급 요리들이 계속 나왔다. 메추라기, 꿩, 거위, 연꽃 소스를 뿌린 영양 꼬치구이, 무화과, 꿀과 아몬드가 들어간 케이크, 포도주와 맥주…….

그러나 남동생과 누나의 화해는 불가능했다. 권력을 독차지하기 위한 그들의 싸움은 전보다 더 심해졌다. 포티누스는 클레오파트라에 대한 알렉산드리아 사람들의 증오심

을 돋우기 위해 도시에 아주 나쁜 소문을 퍼뜨렸다.

2주 후, 2만 2천 명의 막강한 이집트 군대를 이끈 아킬라 장군이 6천 명의 로마군과 싸우기 위해 알렉산드리아에 도착했다. 아킬라는 곧장 궁전 구역을 포위해서 도시 쪽 출구뿐만 아니라 왕실 항구 쪽 출구도 모두 막아 버렸다.

궁전의 요새화된 지역과 극장 사이에 갇히게 된 카이사르와 클레오파트라는 지원군이 제때 도착할지 걱정했다. 아킬라가 로마 함대*를 함락*할까 두려운 카이사르는 아킬라의 삼단노선 50척과 왕실 함대를 불지르라는 명령을 내렸다. 불길은 금방 도시로 번졌다.

함대
바다나 대양에서 전략 및 작전 임무를 수행하는 해군의 연합 부대.

함락
적의 성, 요새, 진지 따위를 공격하여 무너뜨리는 일.

클레오파트라는 창문으로 이 엄청난 화재를 무기력*하게 지켜보고만 있었다. 카이사르와 동맹을 맺으면서 무슨 일을 저지른 것인가!

수출할 원본 두루마리의 복사본들이 있는 도서관의 창고는 벌써 파괴되었다. 밀 창고도 거의 다 타 버렸다. 이제 불길은 상인들이 사는 유대 인 지구로 번지고 있었다.

화재가 난 몇 주 후, 궁전 구역은 여전히 포위된 채 상황은 절망적이었다.

클레오파트라는 불안감을 더 이상 숨길 수 없었다.

"카이사르, 우린 어떻게 될까요? 아르시노에가 나를 배신했어요. 곧 나 대신 여왕의 자리를 차지할 수 있을 거라 확신하고는 아킬라와 그의 군대에게로 가 버렸다고요."

"진정하시오, 클레오파트라. 지원군이 곧 도착할 거요."

"도대체 언제요? 이틀 전만 해도 당신은 독살당할 뻔했잖아요! 아킬라는 우리가 민물*을 못 쓰게 하려고 운하에 바닷물을 붓게 하고 있어요."

"진정하시오! 포티누스는 나를 살해하도록 돈을 댔기 때문에 처형되었소. 이제 더 이상 민물이 부족한 것을 걱정할 필요가 없소. 당신 여동생이 달아나 그쪽으로 갔으니 이번에는 당신 남동생이 궁전을 떠나도록 내버려 둡시

무기력
어떠한 일을 감당할 수 있는 기운과 힘이 없음.

민물
강이나 호수 따위와 같이 염분이 없는 물.

다. 둘이서 서로 싸울 게 뻔하오. 내가 보기엔 그게 라기데스 왕가 전통 같은데."

클레오파트라는 카이사르의 생각이 옳다고 인정할 수밖에 없었다.

몇 주 후, 아르시노에는 아킬라를 제거했고, 그에 대한 복수로 프톨레마이오스는 아르시노에의 고문관을 죽였다. 그 후로 경험 없는 파라오가 혼란에 빠진 이집트 군대를 이끌게 되었다.

　기원전 47년 1월이 되자 **페르가몬***에서 온 지원군의 힘을 입은 카이사르는 파라오와 맞서 싸우러 갔다.

　위대한 로마 사령관 카이사르는 **보병*** 대대를 물리쳤다. 그는 나일 강 운하에서 마지막 전투를 벌이기 위해 이집트 함대와 마주했다.

　화려한 금 갑옷을 입은 프톨레마이오스는 뱃머리에 서 있었다. 그러나 너무 허약하고 어린 파라오는 움직이기조차 힘들었다.

　결국 배가 옆으로 돌자 프톨레마이오스는 균형을 잃고 깊은 운하 속으로 거꾸로 떨어져 버렸다. 비참하지도 그는 무거운 갑옷 때문에 운하 바닥으로 가라앉아 죽음을 맞이하고 말았다.

페르가몬
소아시아에 있는 아탈로스 왕조의 왕국 수도.

보병
육군의 주력을 이루는 전투병. 최후의 돌격 단계에서 적에게 돌진하여 승패를 결정하는 구실을 한다.

알렉산드리아는 고대 그리스 왕국들의 수도 중 가장 화려한 수도로 여겨졌다. 수많은 건물들, 많은 인구, 경제·문화 활동은 항구에 내리는 여행객들을 놀라게 했다.

알렉산드리아 건설
알렉산드로스는 꿈을 꾼 후 그 꿈에 따라 도시를 건설했다. 바둑판 모양의 도시 계획에 따라 구상된 이 도시는 항구가 지중해 쪽에 위치해 있었다. 프톨레마이오스 1세가 도시 건설을 마쳤고, 그리스 이집트식의 등대를 완공했다. 잘 연결된 운하와 지하 저수조가 시민들에게 필요한 물을 공급해 주었다.

등대
프톨레마이오스 왕조의 힘의 상징인 등대는 거대한 조각상으로 장식되어 있었다. 이 등대는 세상에서 가장 높은 등대였다. 꼭대기에서 비추는 불빛은 해안에서 50킬로미터 떨어진 곳에서도 보였다. 파로스 섬에 위치한 등대는 헵타스타디온 제방에 의해 육지와 연결되어 있었다. 이것은 세계 7대 불가사의 중 하나다.

▲ 알렉산드리아의 등대. 은화

© Corbis / R. T. Nowitz

▲ 그리스 어로 씌어 있는 나무 서판

도서관
프톨레마이오스 왕조는 이 도서관에 모든 지식을 모으려는 야심을 가지고 있었다. 그들은 전 세계의 문서들이나 복사본들을 모으기 위해 사신들을 파견했다.

에페소스(소아시아, 현재의 터키)의 도서관

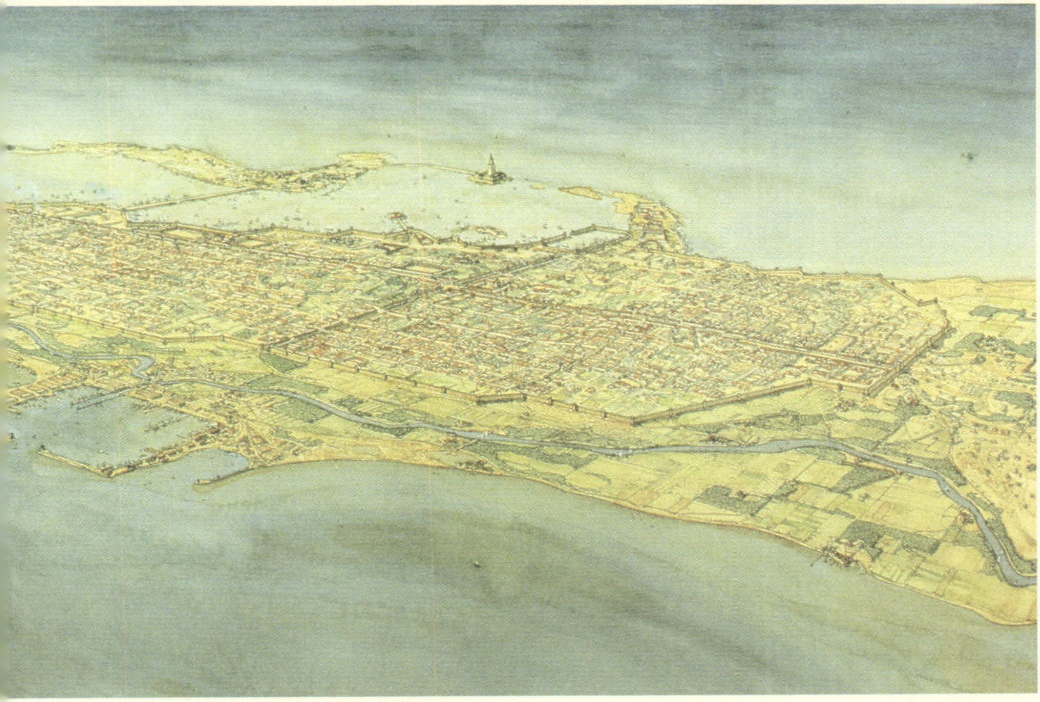

© Éditions Errance

▲ 북쪽으로는 지중해, 남쪽으로는 마레오티스 호수가 있는 알렉산드리아 평면도. 기원전의 수채화

유적 발굴

유적 발굴 작업 덕분에 해안의 함몰로 항구의 바다 속으로 가라앉아 버린 등대의 잔해들과 궁전 구역의 잔해들이 건져 올려졌다.

불길은 금방 도시로 번졌다. 도서관의 창고는 벌써 파괴되었다.

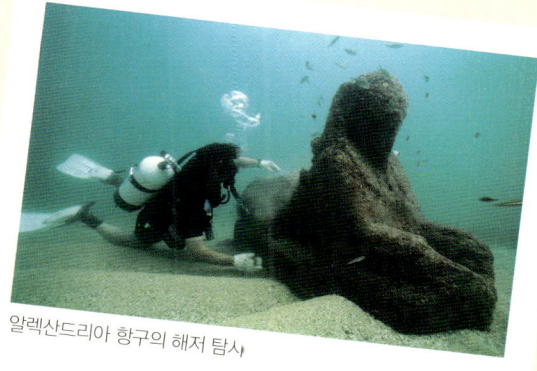

알렉산드리아 항구의 해저 탐사

© S. Compoint

고대 세계 최고의 도시, 알렉산드리아

알렉산드리아는 국제도시였다. 50만 명에서 100만 명에 가까운 그리스, 이집트, 유대, 아랍, 갈리아, 인도 사람들이 이 도시에서 살았다. 모두 그리스 어로 의사소통했다. 중요한 문화 중심지였던 이 도시는 전 세계의 학자들을 맞아들였다. 주민들에게는 수많은 체육관, 극장과 정원을 마련해 주었다. 왕실 구역은 가장 화려했다. 프톨레마이오스 왕조 궁전들의 정면이 왕실 항구로 향해 있었다.

나일 강을 따라

　클레오파트라와 카이사르가 탄 배가 나일 강을 천천히 거슬러 올라갔다. 이 떠다니는 궁전의 갑판 위에서 클레오파트라는 더없이 행복했다. 4월의 태양은 화창한 날씨를 선사했고 카이사르와의 항해는 신들이 부럽지 않았다. 그렇지만 그녀는 수많은 의문들로 머리가 복잡했다.
　카이사르는 승리를 거두자마자 클레오파트라에게 열한 살인 두 번째 남동생 프톨레마이오스 14세와 관습대로 결혼하라고 했다.
　그는 클레오파트라에게 이집트가 로마의 속주가 되지는 않을 것이라고 약속했다. 단지 로마 군대가 주둔할 것이고 로마에 금과 밀을 정기적으로 보내면 된다고 했다. 하지만 그것도 역시 예속*되는 것이 아닌가?
　동맹은 무엇보다 권력자들의 힘을 강화하는 데 사용된다

예속
남의 지배나 지휘 아래 매임.

는 것을 클레오파트라는 잘 알고 있었다. 카이사르는 정치적 이득을 위해 여러 번 결혼했었다.

정치 세계에서 감정은 중요하지 않았다. 그녀도 역시 왕권을 되찾고 개인적인 야망을 채우기 위해 카이사르와의 애정 관계를 이용하지 않았던가?

그녀는 모든 불안을 떨치려는 듯 머리를 흔들었다. 그러고는 선미*에 있는 넓은 왕의 선실로 돌아갔다. 카이사르는 그곳에서 젊은 노예에게 세네트 게임*을 배우고 있었다. 클레오파트라가 들어오자 카이사르는 게임판을 치우고 그녀에게 옆에 오라고 했다.

"이 게임은 정말 재미있구려. 규칙을 다 익히는 대로 당신에게 도전하겠소."

"나는 뱀 주사위 놀이가 더 좋아요. 하지만 어떤 게임이든 당신은 나를 이길 수 없을 거예요."

클레오파트라는 그를 귀엽게 놀렸다.

"너무 자만하지 마시오. 이곳은 당신의 나라지만 나는 무척 빨리 배우니 조심해야 할 거요!"

젊은 여왕은 과일 바구니에서 포도 한 송이를 들어 포도알을 한 알 한 알 입으로 넣으면서 카이사르의 얼굴을 뚫어지게 쳐다봤다.

선미
배의 뒷부분. 고물.

세네트 게임
고대 이집트에서 즐겨 한 놀이.

그는 나이가 들었지만 아주 매력적이었다. 얇은 입술, 곧은 코와 검은 눈동자는 그를 활기차고 매력적으로 보이게 했다.

그들이 탄 배가 4백 척의 함대를 이끌고 알렉산드리아를 떠난 후부터 카이사르는 클레오파트라에게 이집트에 대해 끊임없이 질문했다. 그녀는 그가 그런 관심을 보여 주는 것이 기뻤다. 그가 나일 강의 자원에 집착하는 한, 그녀는 아마도 남자로서의 카이사르와 지방 총독*으로서의 카이사르를 자기 곁에 둘 수 있을 것이다.

운하로 접어든 기함*은 곧 육지에 다다랐다. 갑자기 드

지방 총독
지방을 통치하는 임무를 맡은 옛 집정관.

기함
함대의 사령관이 타고 있는 배.

넓은 건설 현장이 나타났다.

"보세요, 카이사르. 이곳은 단다라 신전이에요. 하토르 여신의 성소*지요."

"그게 누구요?"

"하토르 여신이요! 뿔을 가진 암소의 여신이죠. 사랑, 기쁨, 춤의 여신이에요."

"하지만 한창 공사 중이 아니오! 이곳엔 왜 온 거요?"

"이 거대한 신전은 프톨레마이오스 6세가 짓기 시작했어요. 백 년도 넘은 거죠. 완공이 되면 정말 멋질 거예요. 이 공사가 끝나는 걸 볼 수 있게 오래 살았으면 좋겠어요."

카이사르와 클레오파트라는 여신의 성역*인 테메노스 내부로 들어갔다.

수많은 일꾼들이 작업을 하고 있었다. 몇 명은 돌덩어리를 통나무들 위에 얹어 밧줄로 끌어 옮기고 있었다. 다른 전문 장인들은 조각을 하고, 정면의 거대한 기둥들을 색칠하고 있었다.

"이건 무엇이오?"

카이사르가 한 웅덩이를 가리키며 물었다.

"신성한 호수예요. 전례* 때 사용되지요. 신전 안으로 들어가요."

성소
제사장이 신에게 제물을 바치고 의식을 베풀던 곳.

성역
신성한 지역.

전례
종교 의식 때 따르는 일정한 양식.

카이사르는 안내를 받았다. 그는 건물의 거대한 규모에 넋을 잃었다. 외부의 벽 전체에는 이집트 신들의 삶을 연상시키는 장면들이 새겨져 있었다.

내부의 기둥들은 남자 두 명이 껴안아도 모자랄 정도로 굵었다. 목재 천장에는 천체*가 그려져 있었다. 장식이 너무나 많고 화려해서 차근차근 보려면 며칠은 걸릴 것 같았다.

놀랍게도 이곳의 기둥들은 기둥머리*가 연꽃잎이나 종려나무 잎이 아니라 암소 귀가 달린 하토르 여신의 머리로 장식되어 있었다. 클레오파트라는 그에게 다음 방으로 따라오라고 신호를 보냈다.

"이 방은 제물을 바치는 방이에요."

그녀는 작은 탁자 위의 수많은 접시들 한가운데 자신이 배에서부터 계속 들고 온 꾸러미를 내려놓으며 말했다.

그녀는 조심스럽게 천을 펼쳐 케이크를 꺼냈다.

"그런데 이곳엔 무엇이 있소?"

카이사르는 다음 방으로 향하면서 물었다.

"안 돼요. 들어가지 마세요. 그곳은 '지성소'예요. 사제들과 파라오만이 몸을 깨끗이 한 후 들어갈 수 있어요. 이곳은 우리에게는 신의 방과 같은 장소예요. 장 속에서

천체
우주에 존재하는 모든 물체. 항성, 행성, 위성, 혜성, 성단, 성운 따위를 통틀어 이르는 말이다.

기둥머리
기둥 꼭대기의 조금 넓은 장식 부분.

는 신상이 잠을 자고 있어요. 아침마다 사제가 신상을 꺼내러 오지요. 신의 영혼이 하늘에서 밤을 보낸 후 다시 돌아올 수 있도록 말이에요."

"그러니까 관광은 여기서 끝나는 거로군. 자, 돌아갑시다. 늦었소. 내일 테베로 가야 하오."

그가 말을 마치자마자 한 사제가 클레오파트라에게 다가왔다. 그는 클레오파트라에게 절을 하고 어떤 물건을 건넨 후 그녀의 발에 입을 맞추었다.

신전 밖으로 나오자 카이사르는 클레오파트라에게 사제가 무엇을 주었는지 물었다.

"부적*을 주었어요. 이 작은 보석은 호루스의 눈을 뜻해요. 남은 여행 동안 불운으로부터 우리를 보호해 줄 거예요."

두 달 동안 클레오파트라는 나일 강을 따라 카이사르를 안내했다.

여행은 무엇보다 여왕의 정당성을 이집트 백성들에게 설득시키고 왕국의 안정을 보장받기 위한 것이었다. 사신들, 공식적인 의식들이 정기적으로 그들의 평온을 깼다. 그러나 이런 호화로운 여행은 서로를 더 잘 알게 해 주었다. 그렇게 그들은 자신들을 감정에 내맡겼다.

부적
잡귀를 쫓고 재앙을 물리치기 위하여 몸에 지니거나 집에 두는 물건.

수원
물이 흘러나오는 근원.

개선식
승리를 거둔 로마 장군을 환영하는 기념식.

왕정
임금이 다스리는 정치.

후계자
어떤 일이나 사람의 뒤를 잇는 사람.

    여행에서 돌아온 카이사르는 알렉산드리아에서 얼마간 더 머물렀다. 그는 과학자들과 사제들을 초대해 나일 강의 수원*, 달력과 수위에 대해 토론했다. 그러나 그는 네 번의 개선식*을 치르기 위해 로마로 가야 했다.

    떠나기 전에 카이사르는 알렉산드리아에 세 개의 군단을 주둔시켰다. 그는 클레오파트라에게 그녀를 보호하기 위한 것이라고 설명했다. 그렇지만 클레오파트라에게는 '너를 감시하기 위해서'라는 말로 들릴 뿐이었다.

    클레오파트라는 그 후로 혼자 통치했고, 왕정*을 다시 정비하려고 노력했다.

    그녀는 카이사르가 없어 힘들었다. 그녀는 그의 편지를 애타게 기다렸다. 하지만 최근에 받은 편지에 대해 어떻게 생각해야 할 것인가? 그 편지에서 카이사르는 클레오파트라에게 로마로 와서 머무르라고 했다. 이집트를 자기 마음대로 한다는 것을 시민들에게 더 잘 보여 주기 위해 그녀를 오라고 한 것일까?

    그녀는 여왕으로서의 의무와 그를 다시 보고 싶은 욕망 사이에서 갈팡질팡했다. 게다가 그녀는 그의 아기를 임신하고 있었다. 카이사르의 유일한 후계자*, 그가 아직 존재를 모르는 아기를 말이다. 어쩌면 이 아기가 위대한 이집트를 되찾아 줄지도 모를 일이다.

　결국 클레오파트라는 카이사르를 보러 가기로 마음먹었다. 그녀는 동양의 미래를 결정하는 곳인 로마에서 자기 왕국의 이득을 위해 더 많은 노력을 할 수 있을 것이라고 생각했다.

프톨레마이오스 왕조의 왕들은 이집트의 신들을 수호신으로 삼는 동시에 그들의 그리스 신들도 그대로 섬겼다. 두 종교의 융합은 빠른 속도로 진행되었다. 이것을 '종교적 혼합주의'라고 한다.

이시스
오시리스의 여동생이자 아내. 죽은 자들의 신 이시스는 아들 호루스 곁에서 통치했다. 매의 머리를 한 이 신은 파라오들의 수호자였다. 클레오파트라와 카이사리온은 이 모자신과 동일시되었다.

사라피스
프톨레마이오스 왕들에 의해 만들어진 사라피스는 그리스 신 제우스, 디오니소스와 아스클레피오스, 이집트 신 오시리스와 아피스가 합쳐진 것이다. 알렉산드리아에서는 사라페움 성소에서 이 신의 숭배 의식이 치러졌다.

▲ 프톨레마이오스 왕조에 의해 만들어진 새로운 신, 사라피스. 그는 턱수염이 나 있고 둥글게 말린 머리 타래들이 이마 위로 내려와 있다. 2세기, 카르타고, 튀니지

보세요, 카이사르. 이곳은 단다라 신전이에요. 하토르 여신의 성소지요.

◀ 호루스에게 젖을 주는 이시스, 기원전 664~525년, 빈

▲ 디오니소스, 프톨레마이오스 왕조 시대

그리스의 신, 아프로디테와 디오니소스

사랑과 미를 상징하는 그리스 여신 아프로디테는 로마 여신 베누스, 이집트 여신 이시스와 동일시되었다. 로마에서 바쿠스인 디오니소스는 포도주와 도취의 신이다. 디오니소스의 추종자들은 영원한 생명을 얻기를 바라면서 술을 마시고 춤을 추는 의식을 행했다. 이런 이유로 그는 이집트에서는 죽은 자들의 신 오시리스와 연관지어진다. 따라서 '아프로디테와 디오니소스'는 '이시스와 오시리스'에 해당한다. 안토니우스와 클레오파트라는 이 신들과 자신들을 동일화함으로써 그리스 세계 전체에서 인기를 얻었다.

하토르

사랑과 음악의 이집트 여신 하토르는 신성한 동물인 암소의 귀를 하고 있다. 프톨레마이오스가 건설하기 시작한 단다라의 성소는 완공되지 못했다. 이집트의 관습에 따라 성벽은 여신의 신성한 구역인 테메노스의 경계를 표시하고 있다. 성벽은 하토르 신전, 그의 아들의 신전, 이시스의 신전과 의식 때 사용되는 신성한 호수를 둘러싸고 있다.

© Corbis / G.Dagli Orti

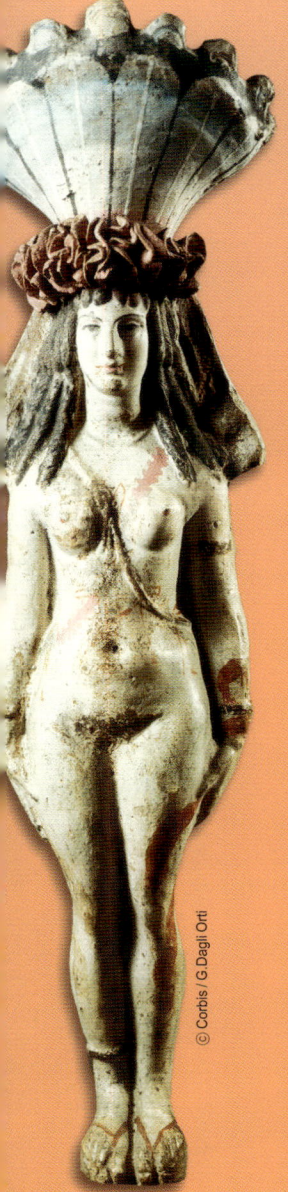

◀ 아프로디테. 사랑과 미의 그리스 여신, 보통 벗은 모습으로 표현된다. 토리노

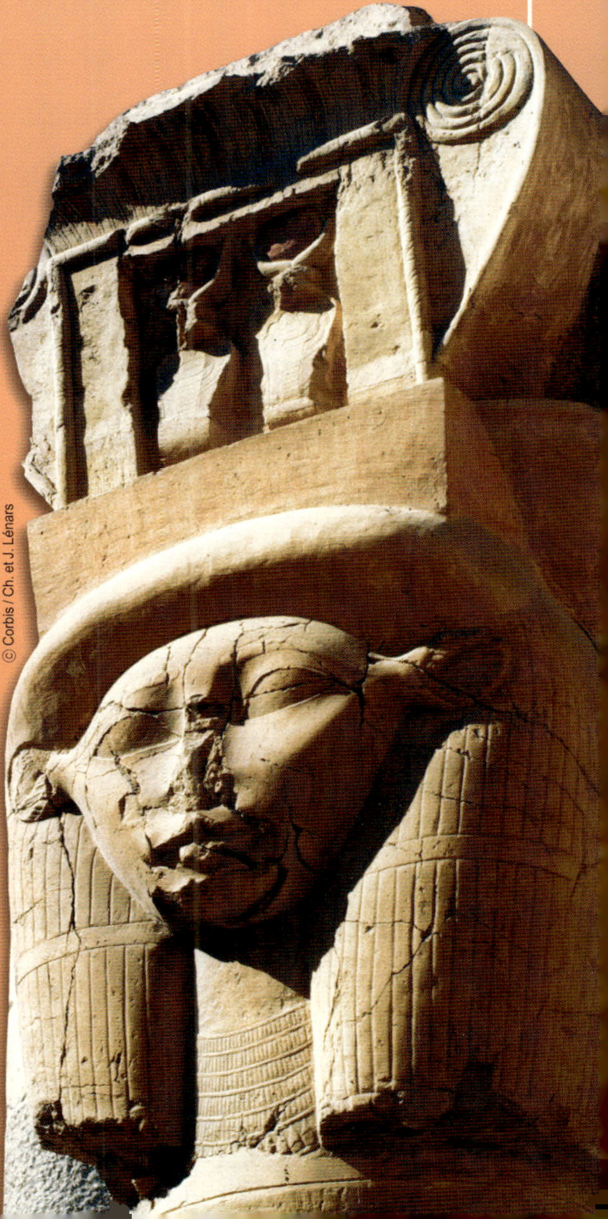

© Corbis / Ch. et J. Lénars

▶ 사랑과 음악의 하토르 여신 모습의 기둥. 다이르알바리 신전

로마에서의 체류

클레오파트라는 무척 화가 나 테베레* 강가에 있는 화려한 빌라*의 회랑* 아래를 흥분된 발걸음으로 걸었다. 이틀 전부터 그녀는 카이사르가 오기를 기다렸다.

그녀가 조정의 일부를 이끌고 로마로 온 지 일 년이 다 되어 갔다. 알렉산드리아는 로마군과 그녀의 가장 충실한 관리들이 지키고 있었다. 그녀는 로마에서 동양의 왕에게 합당한 영화와 명예를 누리며 지내고 있었다.

그러나 사실 그녀는 로마 사람들에게 아무것도 아니었다. 그녀는 카이사르에게 자기가 얼마나 중요한지 의심이 들기 시작했다. 그는 그녀를 여러 달 동안 혼자 남겨 두고 스페인으로 전쟁을 떠났다. 지금은 전쟁에서 돌아왔지만 날이 갈수록 그녀를 찾아오는 일이 드물어졌다. 그들의 아들 카이사리온의 탄생도 그를 그녀 곁에 잡아 두기에는 충

테베레
로마를 가로질러 흐르는 강.

빌라
별장식 주택.

회랑
건물 주변이나 안뜰 주변으로 기둥으로 이어진 긴 복도. 그 위에 지붕이 있어 햇빛을 가려 주었다.

집정관
일 년 동안 행정권과 군사권을 행사하는 최고 정무관. 매년 두 명의 집정관이 선출되었다.

분하지 않았다.

카이사르 집정관*의 연애 사건에 관한 소문이 귀에 들어올 때마다 그녀는 질투심이 일었다.

충실한 시녀 샤르미온은 여왕의 상태가 어떤지를 깨닫고 기운이 빠졌다. 로마의 빌라에 도착한 후로 샤르미온은 클레오파트라가 절망감에 빠져 있는 모습을 종종 보았다. 사랑이 첫 번째 관심사가 아닌 한 남자에게 완전히 매달린 채 말이다.

샤르미온은 클레오파트라가 점점 더 자주 눈시울을 적시는 것을 보고 걱정스러웠다. 그녀는 클레오파트라에게 다가가 그녀를 진정시키려 했다.

"걱정 마세요, 클레오파트라. 카이사르가 곧 올 거예요."

"어떻게 하지, 샤르미온? 그를 만나려고 내 왕국을 버리고 와서 아들까지 낳아 줬어. 그런데 이게 뭐야?"

"절망하지 말아요. 여왕님은 그분에게 아주 중요해요. 하지만 그분은 권력가이지 신하가 아니잖아요!"

"네 말이 옳은 것 같아. 자, 나를 예쁘게 꾸며 줘. 어느 때보다 매력적으로 보이고 싶어."

카이사르가 클레오파트라를 찾아왔을 때 날은 이미 어두워지기 시작했다. 젊은 여인의 얼굴에는 불안의 흔적이라

곧 보이지 않았다. 그녀는 그를 웃으며 맞이했다. 그러나 카이사르가 그녀에게 젊은 로마 인들, 특히 자기 친구 안토니우스*와 지나치게 함께 다니는 것 아니냐고 나무라자 그녀는 다시 폭발하고 말았다.

"많은 날들을 나 혼자 버려두고선 어떻게 내가 방탕한 생활을 하려 한다고 나무랄 수 있어요?"

그녀는 분노로 이글거리는 눈빛으로 소리쳤다.

"나는 맡은 책무*가 있고, 원로원*에서는 내 적수들과 싸워야 하오."

"감히 당신 책무에 대해 내게 이야기하다니. 내게는 내 책무를 버리도록 다그쳐 놓고 말이에요!"

"과장하지 마시오. 당신은 여전히 이집트의 여왕이오. 나는 당신 이름이 나의 이름과 연합하도록 최선을 다했소. 당신 모습을 한 금 조각상을 베누스* 신전에 바친 것을 벌써 잊었소? 당신 왕국에서 그렇듯이 이곳에서도 당신은 여신의 화신이오."

"당신 입으로 로마 사람들이 우리와 동맹을 맺었다고 말했죠. 하지만 유명한 키케로*가 퍼뜨리는 소문을 들어 보세요. 나를 공화국*의 적이라고 하면서 당신이 나라를 배신하도록 부추긴다고 나를 비난하고 있어요. 나는

안토니우스
로마의 장군이자 카이사르의 신임을 받은 부하.

책무
직무에 따른 책임이나 임무.

원로원
고대 로마 공화정 시대의 입법과 자문 기관.

베누스
로마 신화에 나오는 미(美)와 사랑의 여신. 그리스 신화의 아프로디테에 해당한다.

키케로
정치가이자 웅변가. 그는 수많은 연설문을 쓰기도 했다.

공화국
기원전 6세기경 로마에 등장한 이 정치 체제는 권력의 세습이 아니라 권력의 공유에 기초를 두고 있다.

배척
따돌리거나 거부하여 밀어 내침.

신성모독
신성한 신을 말이나 행동으로 더럽혀 욕되게 하는 일.

여왕이고 로마 백성들은 왕정을 배척*하고 있어요. 그러니 나를 어떻게 받아들일 수 있겠어요?"

"왕정은 로마 백성들 눈에는 신성모독*이요. 공화정의 법은 신성한 것이오. 당신의 가치관은 로마 백성들의 가치관과는 전혀 맞을 수 없는 것 같소."

대화가 잘 풀리지 않자 절망한 클레오파트라는 혼잣말로 중얼거렸다.

"그러니까 우리 아기는 여기서는 미래가 없군요. 알렉산드리아로 돌아가야겠어요."

그러자 카이사르는 곧바로 반응했다. 그로서는 아들이

로마를 떠나는 것은 있을 수 없는 일이었다. 그와 아내 칼푸르니아의 사이에서는 자식이 없었다. 그는 한동안 자식을 체념하고 지냈었다. 그러나 이제 카이사리온이 있었다. 더 크면 자신의 영광과 **가이우스 율리우스***의 영광을 누리게 될 것이다. 아들과 그 엄마를 동시에 잃는 것이 두려워진 그는 클레오파트라에게 정치적, 군사적 의무가 허락하는 한 그녀 곁에 머무르겠다고 약속했다.

클레오파트라는 카이사르의 마음에 첫 번째 자리를 되찾았고 그녀의 삶은 더없이 달콤했다.

테베레 강가의 정원에서 젊은 여인과 즐거운 시간을 함

가이우스 율리우스
카이사르의 가문에 주어진 이름.

께 보내면서 카이사르는 그들의 관계를 공식적으로 만들 방법을 끊임없이 생각했다. 그는 카이사리온이 자신의 합법적인 후계자가 되기를 바랐다. 그러나 법적으로 카이사리온은 로마 시민이 아니었고 따라서 아무 권리도 주장할 수 없었다.

그러다 기원전 44년 그 끔찍한 3월의 이데스* 사건이 일어났다. 그날 안토니우스는 예고도 없이 클레오파트라의 방으로 들어왔다. 그가 들어오자마자 클레오파트라는 불행이 닥쳤다는 것을 느꼈다.

"카이사르가 원로원이 모이는 쿠리아에서 막 살해당했습니다."

클레오파트라 주변의 모든 것이 흔들리기 시작했다. 그녀는 벽에 기댔다가 바닥으로 천천히 미끄러졌다. 그러자 안토니우스가 그녀를 품에 안고 위로해 주려 했다. 그는 종종 이 젊은 여인을 만날 기회가 있었고 그녀를 존중하고 있었다.

"무슨 일이 일어났는지 말해 주세요."

그녀는 타일 바닥에 몸을 쭈그린 채 겨우 들리는 목소리로 중얼거렸다.

"음모였습니다. 몇몇 로마 인들이 그가 외국인인 당신과

3월의 이데스
3월 15일에 열리는 축제.

브루투스
고대 로마의 정치가(기원전 85~기원전 42년). 기원전 44년에 카이사르를 암살한 후 동방으로 세력을 뻗었으나 안토니우스, 옥타비아누스와의 싸움에서 패하여 자살하였다.

'투 쿠오쿠에 필리!'
라틴 어인 이 말은 '내 아들, 너마저도!' 라는 뜻이다.

사생아
법률적으로 부부가 아닌 남녀 사이에서 태어난 아이.

임페라토르
이 라틴 어 단어는 로마 최고 사령관을 뜻한다.

호루스와 이시스
아들과 어머니 관계인 신들. 카이사리온과 클레오파트라가 이 신들의 화신이다.

결혼해서 공화정의 법을 무시하며 동양의 군주가 될까 두려워했습니다. 몇 명이 단도로 그를 여러 번 찔렀습니다. 하지만 아들처럼 여기던 브루투스*에게 찔린 것이 아마도 가장 고통스러웠을 겁니다. 그는 '투 쿠오쿠에 필리!'*라고 마지막 말을 남기며 폼페이우스의 조각상 아래 쓰러졌습니다. 맹세컨대 그의 죽음에 대해 복수할 겁니다."

클레오파트라는 이미 아무 말도 들리지 않았다.

카이사르는 그녀에게 아무것도 물려줄 수 없었고, 그의 아들은 이곳에서는 외국 사생아*에 지나지 않았다. 혹시 권리 주장을 할까 봐 살해하려 들 것이 분명했다. 이제 임페라토르*의 조카 손자이자 양아들인 옥타비아누스가 유일한 후계자로 인정받을 것이다.

클레오파트라는 이집트로 다시 돌아가야 했다. 그녀는 방금 자신의 동맹이자 연인을 잃었고, 아들과 왕국을 보호해야 했다.

출발 준비를 하는 데 여러 달이 걸렸다. 7월에 왕실 함대는 이집트 해안에 닿았다. 호루스와 이시스*처럼 아이와 그 어머니는 도착하자마자 알렉산드리아 백성들의 열렬한 환영을 받았다.

　여왕은 곧바로 왕국의 국정을 다시 맡았다. 상이집트의 최고 사령관 테베의 칼리마코스가 그녀가 없는 동안 왕국의 수입을 충실하게 관리해 왔다.

　그러나 클레오파트라가 돌아온 후 몇 년 동안은 힘들었다. 나일 강의 수량 증가가 부족해 진흙을 충분히 가져다 주지 못했기 때문에 많은 수확을 할 수 없었다. 기아와 전염병에 시달리는 백성들은 신들이 불만스러워하고 있다고 생각했다.

　다행히 클레오파트라는 밀을 미리 준비해 두었다. 그 밀을 이집트 백성들에게 나눠 주어 반란을 피할 수 있었다. 백성들에게 헌신적인 클레오파트라는 내전*에 지원군을 보내라는 로마의 요구를 들어주지 않았다. 카이사르의 살해로 인해 일어난 내전에 가담하고 싶지 않았던 것이다.

　그녀는 한동안 서방*에게서 등을 돌렸다. 언젠가는 이 침묵에 대한 해명*을 하러 로마로 가야 할 것이다. 어쨌든 지금으로서는 그녀는 자신의 군대와 재정을 아꼈다.

내전
한 나라 안에서 일어나는 싸움.

서방
서쪽 지방.

해명
까닭이나 내용을 풀어서 밝힘.

로마는 '우르비스', 즉 중앙 도시였다. 로마는 제국의 모든 도시 국가의 모델이었다. 다양한 사람들을 받아들이고 지속적인 공사로 대조적인 구역들을 제공하는 거대한 수도였다.

율리우스 카이사르

카이사르는 베누스의 후손이라고 주장하는 세습 귀족(파트리키) 가문에서 태어났다. 그는 기원전 59년에 집정관으로 선출되었다. 능숙한 정치가에 사령관인 그는 원로원에 도전할 만큼 강력했다. 공화정의 옹호자들은 기원전 44년 그가 왕정을 복구할까 두려워 그를 살해했다.

로마 포럼의 폐허와 복원된 쿠리아 건물, 로마

카이사르의 로마

기원전 1세기의 사회적, 정치적 불안은 이탈리아 사람들을 로마로 몰려들게 했다. 도시는 급속히 성장하여 가끔 성벽 밖으로까지 확장되기도 했다. 아우구스투스가 통치할 때는 인구가 100만 명에 이르렀다. 물을 공급하기 위해서 600개도 넘는 급수장이 필요했다. 카이사르는 새로운 포럼 건설 같은 대공사를 시작했다.

◀ 카이사르. 1세기, 베를린

▶ 로마 건물 모형

거리와 건물들

로마에는 공간이 부족했다. 인구가 너무 많아서 규격화된 벽돌을 사용하여 건물을 점점 더 높게 지었다. 가난한 사람들이 사는 동네의 거리는 좁고 더러웠다. 부자 동네의 거리는 곧게 뻗어 있었고 포장되어 있어 대조를 이뤘다. 또한 부자 동네에는 화려한 빌라와 건물들이 길 양쪽으로 서 있었다.

정치 구성

로마 사회는 시민과 비시민으로 이뤄져 있었다. 시민만이 정치에 참여할 수 있었다. 오래된 가문 출신의 세습 귀족들(파트리키)과 부유하고 강력해진 몇몇 평민들(플레브스)은 신진 관료 귀족 노빌리타스를 형성했다. 그들은 고위 관직에 오르기 위해서는 쿠르수스 호노룸(명예로운 경력)을 거쳐야 했다. 공화정 유지를 위해 집정관의 임기는 일 년으로 했다. 그러나 전쟁과 같은 긴박한 상황일 때는 원로원이 한 명의 독재관을 지명할 수 있었고, 그는 6개월 동안 혼자서 거의 모든 권력을 장악했다.

> 클레오파트라가 조정의 일부를 이끌고 로마로 온 지 일 년이 다 되어 갔다.

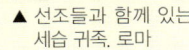

▲ 선조들과 함께 있는 세습 귀족. 로마

신들에게
어울리는 만남

클레오파트라는 매일같이 국정*회의를 열었다. 그녀는 여러 정보를 수집하고 법률을 제정했다. 그녀는 이제 28세였고 지혜롭고 신중한 여왕이었다. 그녀는 왕국을 튼튼하게 하려고 노력했다. 또한 관리들이 권력을 남용*하지 않고 농민들을 억압하지 못하도록 했다. 그녀는 이집트 사람들을 군대의 중요한 자리에 앉혔다. 그 후로 그리스 사람들뿐만 아니라 이집트 사람들도 권력을 쥘 수 있게 되었다. 대사제들은 그녀를 지지했고, 클레오파트라와 아들의 조각상을 많이 만들어 그녀의 인기를 높여 주었다.

여섯 살이 된 어린 카이사리온이 큰 회의실로 들어설 때 클레오파트라는 새 법령을 발표하고 있었다. 클레오파트라는 곧바로 하던 일을 멈추고 폐회*를 선언한 후, 아이의

국정
나라의 정치.

남용
권리나 권한 따위를 본래의 목적이나 범위를 벗어나 함부로 씀.

폐회
집회나 회의가 끝남.

삼두 정치 집정관
세 명이 동맹을 맺어 권력을 나눠 가졌다.

킬리키아 지방
현재 터키의 남동쪽 지방.

헬레니즘
알렉산드로스 대왕 시대에서부터 시작된 그리스 문화.

파르티아 사람들
현재 이란 지역에서 살던 사람들.

손을 잡고 회의실을 나왔다. 카이사리온만이 그녀를 잠시 일에서 벗어나게 해 주었다. 그녀는 아들을 무척 아꼈고 강력하고 자유로운 이집트를 아들에게 물려주고 싶었다.

그러나 2주 전에 받은 호출은 좋을 것이 하나도 없었다. 카이사르의 공식적인 후계자 옥타비아누스 곁에서 얼마 전에 삼두 정치 집정관*이 된 안토니우스에게서 킬리키아 지방*의 타르수스로 오라는 명령을 받았기 때문이다. 명령을 무시하고 싶었지만 그러면 이집트가 전쟁에 휘말릴 수 있고 전쟁에서 질 것이 뻔했다.

그녀는 안토니우스를 잘 알고 있었다. 그녀는 로마에서 헬레니즘 문화*를 아주 좋아하는 이 훌륭한 장군과 그리스 어로 여러 시간 동안 이야기를 나누곤 했었다. 그러나 그는 어쨌든 로마 인이다. 그는 카이사르의 살인자들을 집요하게 뒤쫓았다. 오늘날 동방과 아시아를 감독하는 임무를 맡은 그는 동쪽에서 로마 속주들을 위협하는 파르티아 사람들*과 싸워야 했다. 따라서 군대를 유지하기 위해 파라오들의 밀과 금이 필요했다.

클레오파트라는 지난번에 도움을 주지 않은 것 때문에 그가 화를 낼까 두려웠다. 그녀는 그 어느 때보다 외교적으로 잘 대처해야 했다. 다행히 안토니우스는 그녀를 꽤 좋아했다. 예전에 로마에 있을 때 그는 그녀의 곁에 있으려 하곤 했다.

이렇게 보면 상황은 클레오파트라에게 그리 불리하지 않은 것 같았다. 그녀는 충실한 친구들, 아폴로도로스와 디오메데스와 상의했다. 그들은 그녀에게 안토니우스를 만나러 가서 뜻밖의 멋진 선물을 안겨 주라고 충고했다.

며칠 후, 클레오파트라는 키드누스 강을 거슬러 타르수스*로 향했다. 배 뒷부분을 금으로 꾸민 그녀의 배는 자주빛 돛을 활짝 펼치고 있었다.

클레오파트라는 그리스의 사랑의 여신 아프로디테의 모습으로 치장했다. 그녀는 금으로 장식된 천막 아래 누워 있었다. 천사 같은 아이들이 그녀 옆에 서서 부채질을 해 주고 있었다. 배의 갑판 위에는 네레이데스*와 그레이스*로 꾸민 아주 아름다운 시녀 몇 명이 키를 잡고 있었고, 또 몇 명은 밧줄을 잡고 있었다. 환상적인 향기가 배에서 피어나 강의 양쪽 연안을 향기롭게 했다.

아프로디테가 도착한다는 소식이 금방 퍼졌다. 그녀가 디오니소스* 집에 놀러 온다는 얘기가 곳곳에서 들렸다. 클레오파트라는 하나부터 열까지 모든 것을 계획해 뒀다.

타르수스
터키 중남부 지중해 연안에 있는 도시.

네레이데스
바다의 신 네레우스의 딸들인 바다의 요정들.

그레이스
그리스·로마의 미의 여신들.

디오니소스
그리스의 포도주와 축제의 신.

상기
지난 일을 돌이켜 생각하여 냄.

에페소스
현재 터키에 위치한 그리스 도시. 도서관으로 유명하다.

세스테르티우스
로마 동전.

　아프로디테의 모습을 한 그녀는 자신이 이집트에서는 이시스 여신의 화신이고 로마에서는 카이사르의 뜻에 따라 베누스의 화신이라는 것을 상기*시켰다. 안토니우스는 에페소스*를 다녀온 후 디오니소스로 불려지고 있었다. 그녀는 동방의 새 주인에게 아프로디테와 디오니소스와 같은 신성한 결혼을 이런 식으로 제안한 것이다. 안토니우스는 이런 연출에 기분이 좋았다.

　클레오파트라가 도착했다는 소식을 듣자마자 안토니우스는 그녀에게 사신을 보내어 그날 저녁 식사에 오라고 했다. 클레오파트라는 초대를 사양하면서 그에게 그녀의 배로 저녁 식사를 하러 오는 게 낫겠다고 전했다. 그녀는 단 한 번의 식사에 천만 세스테르티우스*를 들여 준비하겠다면서 그에게 가장 화려한 연회를 약속했다. 그는 그 초대를 받아들였다.

　밤이 되자 안토니우스는 여왕의 배가 정박하고 있는 곳에 도착했다. 배에 오르기도 전에 그는 수많은 불빛에 강한 인상을 받았다. 화려함에 넋을 잃은 그는 클레오파트라 맞은편의 편안한 긴 의자에 자리 잡았다. 그녀는 어느 때보다 아름다웠다. 그녀는 손뼉을 쳐 연회를 시작하라는 신호를 보냈다. 아주 풍부하고 섬세하고 이국적인 맛의 음식

들과 포도주들이 연이어 나왔다.

"먼 길을 오셨소, 클레오파트라! 나는 아직도 우리의 첫 만남을 기억하고 있소. 당신은 겨우 열네 살이었고, 나는 당신 아버지가 왕위를 되찾도록 도와주러 갔었소. 당신은 로마를 떠난 후 소식도 없이 지내더군. 원로원과 로마 백성에게 도움을 줘야 한다는 걸 잊어버렸던 거요?"

클레오파트라는 그 순간에 이집트의 미래가 달려 있다는 것을 느꼈다. 그녀는 그에게 매혹적인 눈길을 보내면서 변명을 찾으려 했다.

"도우러 오려고 했어요. 카이사르의 살인자들을 쫓는 걸 도우려고 이집트 함대를 출발시켰었어요. 그런데 폭풍

우에 갇혀 버렸지 뭐예요. 내가 뱃멀미가 너무 심해서 항구로 배를 돌리라고 명령할 수밖에 없었어요."

안토니우스는 미소 지었다. 이 여자는 아주 대담*했다. 그는 그녀의 변명에 속아 넘어가지는 않았지만 그녀를 용서할 마음이 들었다. 그는 농담 삼아 그녀에게 그녀가 한 약속을 일깨워 줬다.

대담
담력이 크고 용감함.

"식사가 호화롭구려, 클레오파트라. 하지만 신들에게 어울릴 정도는 아닌 것 같소. 나에게 굉장한 식사를 약속하지 않았소?"

"아직 안 끝났어요, 안토니우스."

클레오파트라는 손짓으로 명령했다. 그녀의 지시에 따

라 한 젊은 시녀가 아주 강한 식초가 들어 있는 항아리를 들고 와 그녀에게 한 잔 따랐다.

클레오파트라는 귀걸이 한쪽을 떼었다. 아주 큰 진주였다. 그녀는 조금도 주저하지 않고 그 진주를 식초 안에 떨어뜨렸다. 식초의 산이 곧 진주를 녹여 버렸다. 그런 다음 아름다운 이집트 여자는 이 특별한 음료를 마셨다. 깜짝 놀란 로마 인이 보는 앞에서 헤아릴 수 없는 가치의 보석을 삼켜 버린 것이다. 이렇게 해서 그녀는 승리를 거머쥐었다.

클레오파트라의 매력에 사로잡힌 안토니우스는 겨울을 알렉산드리아에서 보내라는 초대를 받아들였다. 원정*을 다시 떠나기 전에 그곳에서 군대를 정비할 수 있을 것이다. 클레오파트라는 로마 장군의 체류*가 잊을 수 없는 것이 되도록 모든 준비를 했다.

몇 년 전 카이사르처럼, 그도 그 도시에 있는 신전들, 엄청나게 크고 화려한 기념물들을 보았다. 그는 김나지움*을 드나들며 학자들의 연설을 듣곤 했다. 항상 함께 있는 안토니우스와 클레오파트라는 마레오티스 호수 제방에서 성대한 식사를 하고 낚시와 사냥을 하면서 대부분의 시간을 보냈다. 그녀는 그의 군사 훈련도 지켜봤다.

원정
먼 곳으로 싸우러 나감.

체류
객지에 가서 한동안 머물러 있음.

김나지움
거대한 건물로 문화의 중심지이자 체력 단련과 교육의 중심지.

안토니우스는 로마의 토가를 벗고 마케도니아의 클라미스를 입었다. 그는 군사 원정을 미루고 새로 사귄 알렉산드리아 친구들과 함께 '흉내 낼 수 없는 삶을 사는 사람들'이라는 모임을 만들었다. 이 모임 회원들의 유일한 지침은 돈을 많이 쓰면서 가장 기상천외*하게 쾌락을 즐기라는 것이었다. 밤이면 시종과 시녀로 가장한 회원들은 알렉산드리아 거리로 나가 사람들을 골탕 먹이곤 했다.

일 년 동안, 삶은 즐겁기만 했다.

그러나 로마에서는 집정관의 태도를 마음에 들어하지 않았다. "안토니우스가 그리스 군주처럼 굴고 있어. 클레오파트라가 그를 홀렸어!" 라는 소문이 돌기 시작했다. 이제는 돌아가 자신의 권력을 강화할 때가 온 것이다.

기상천외
착상이나 생각 따위가 쉽게 짐작할 수 없을 정도로 기발하고 엉뚱함.

이집트 여자들은 남자들과 마찬가지로 외모를 아주 중요하게 생각했고 화장을 했다. 이집트 사람들은 모두 화장품과 액세서리에 많은 돈과 시간을 들였다. 아름다움이 신들의 특징이기 때문에 그들은 아름다움을 가장 중요하게 생각했다.

이집트 여성의 권리
이집트 여자들은 다른 지중해 지역의 여자들보다 더 자유로웠다. 일할 수도 있고, 회사나 농장을 경영할 수도 있고, 사제가 되거나 통치를 할 수도 있었다. 법 앞에서 남자들과 같은 권리와 의무를 지녔다. 또한 아버지에게 상속을 받거나 이혼할 수도 있었고, 재산을 소유하고 남편을 고소할 수도 있었다.

의복
이집트 여성복은 대부분 흰색 튜닉이었다. 튜닉은 조금 비치고 어깨와 가슴이 파였으며 수가 놓여 있었다. 신발은 꼭 신어야 하는 것은 아니었다.

▲ 미라의 마스크. 면, 색칠한 리넨, 베를린

청결
여자들은 비누로 사용하는 거품 나는 반죽으로 하루에 몇 번씩 씻을 수 있었다. 여자들은 매일 입과 손톱을 깨끗이 하고 몸의 털을 제거하는 데 신경 썼다.

ⓒ Dagli Orti G

▲ 화장한 여인들. 나크트 무덤, 귀족들의 골짜기, 테베

머리칼
여자들의 머리칼은 길었다. 머리를 땋거나 파마를 했고 보석과 머리띠로 장식했다. 또 가발을 쓰기도 했다. 축제 때는 원뿔 모양의 몰약(향기 나는 수지)을 머리 위에 얹었다. 몰약은 더위와 함께 서서히 녹아서 머리칼을 향기 나고 윤기 있게 만들어 줬다.

안토니우스는 클레오파트라 맞은편의 편안한 긴 의자에 자리 잡았다. 그녀는 어느 때보다 아름다웠다.

화장
이집트 여자들은 몇 세기 전부터 화장술을 잘 다루어 왔다. 광물을 가루로 만들어 눈꺼풀을 검게 칠하고, 피부를 희게 만들고 입술을 예쁘게 칠했다. 발, 손바닥, 손톱은 빨간색으로 칠했다. 향수도 아주 중요했다. 여자들은 몸 전체에 식물이나 동물 성분으로 만든 향수를 사용했다.

장신구
금, 구리나 자기로 만든 장신구에는 주로 종교적인 소재가 사용되었다. 그런 장신구들은 나쁜 운을 막아 주었다.

▼ 아호텝의 금 목걸이. 카이로

◀ 네페르티아베트 공주의 묘석, 기자, 파리

ⓒ Corbis / S. Vannini

전성기에 대한 꿈

"다시 말하지만, 클레오파트라 여왕님께 초대장을 가져왔단 말이오."

말을 타고 너무 오래 여행한 탓에 지친 사신이 회의실 입구를 지키고 있는 두 근위병 앞에서 목소리를 높였다.

"여왕님을 방해해서는 안 되오."

한 근위병이 냉정하게 대답했다.

"하지만 이건 정말 중요한 일이오. 집정관 안토니우스님이 나를 직접 보냈단 말이오!"

"여왕님을 방해해서는 안 되오."

다른 근위병이 같은 말을 했다.

"정말 머리가 완전히 비었나 보군. 여왕님을 뵈어야 한단 말이오!"

젊은이가 고래고래 소리치기 시작했다.

갑자기 문이 열리면서 클레오파트라의 고문관 디오메데스가 나타났다.

"무슨 일이냐? 누가 감히 왕실 회의를 방해하느냐?"

"죄송합니다. 방해하려던 건 아니지만 집정관 안토니우스 님의 명령으로 여왕님께 이 편지를 꼭 전해야 합니다."

"안토니우스 님이라고? 어서 들어오너라."

디오메데스는 회의실로 사신을 데리고 들어와 클레오파트라에게로 갔다. 그는 그녀의 귀에 몇 마디 속삭였다. 곧 여왕의 얼굴이 밝아졌다. 그녀는 엎드린 젊은 로마 병사에게 일어나라고 신호를 보내고는 그에게서 파피루스* 두루마리를 받아 들었다. 그녀는 바로 안토니우스의 봉인*을 알아봤다. 그러자 그녀는 빠른 걸음으로 아무 말도 없이 회의실을 나갔다.

거처로 돌아온 클레오파트라는 긴 의자에 몸을 기대고 두루마리를 펼쳤다. 안토니우스의 편지는 간결했다. 그녀에게 파르티아로의 다음번 원정을 위해 시리아의 안티오크로 원정군을 이끌고 오라는 것이었다.

4년 전 그는 같은 방식으로 타르수스로 그녀를 오라고 했었다. 그때의 만남으로 쌍둥이가 태어났지만 안토니우스는 그들을 한 번도 본 적이 없었다. 클레오파트라를 두

파피루스
이집트에서 파피루스 풀줄기의 섬유로 만든 종이.

봉인
밀봉한 자리에 도장을 찍음. 또는 그렇게 찍힌 도장.

고 경쟁자인 옥타비아누스와 동맹을 맺기 위해 로마로 떠났었기 때문이다. 그는 옥타비아누스의 누이와 결혼까지 했었다. 클레오파트라는 또다시 아기들과 혼자 남겨진 것이다.

그녀는 아기들을 알렉산드로스와 클레오파트라라고 이름짓고 태양과 달인 헬리오스*와 셀레네를 그들의 수호신으로 삼았다. 그녀는 자신에게 가장 상처가 되는 것이 애인에게 버림받은 분함인지 정치적 배신인지 알 수 없어 괴로워했다.

안토니우스는 로마 제국의 동방 속주를 장악했다. 그는 또다시 이집트의 도움이 필요했던 것이다. 클레오파트라는 자신 있었다. 이제 자신의 외로운 생활이 끝나는 것이었다.

"이라스, 이리 오너라!"

여왕의 시녀가 바로 달려왔다.

"네, 여왕님?"

"샤르미온이 어디 있는지 아느냐?"

"카이사리온 님과 함께 있습니다. 가정교사에게 모셔다 드리는 중일 텐데요."

"그럼 네가 짐을 싸 다오. 하지만 그 전에 머리 손질을 해

헬리오스
그리스 신화에 나오는 태양신. 매일 아침 불꽃에 싸인 말이 끄는 마차를 타고 동쪽 궁전을 나와 하늘로 올라갔다가 저녁이면 서쪽 궁전으로 들어가며 다시 황금의 배로 동쪽으로 돌아간다고 한다.

주고, 화장을 고치게 화장품을 가져다 다오."

어린 시녀는 시키는 대로 하고 나서 큰 상자에서 두 개의 작은 금 상자를 꺼냈다. 그 안에는 보석들이 박힌 풍뎅이와 매 모양의 장신구가 각각 들어 있었다. 클레오파트라는 치장이 끝나자 정성들여 마무리 손질을 했다. 그리고 안토니우스를 만나러 가기 위해 쌍둥이를 데리고 배에 올랐다.

재회는 클레오파트라의 계획대로 이뤄졌다. 그녀를 보자마자 안토니우스는 여왕의 매력에 다시 푹 빠져들었다. 그녀는 그에게 그동안 소식이 끊겼던 일과 아이들에 대한 무관심을 나무랐다. 그는 그녀를 잊고 자신의 정치적 행로만을 생각하려 했지만, 그녀에 대한 사랑이 더 강했다고 고백했다. 그녀를 다시 보고 싶은 욕망을 억누를 수 없었던 것이다.

자신의 정직함과 사랑의 표시로 안토니우스는 클레오파트라에게 시리아의 땅을 선물했다. 그 보답으로 클레오파트라는 지원을 약속했고, 유프라테스 강* 연안까지 함께 갔다. 그녀는 그가 10만 대군을 이끌고 떠나는 것을 지켜봤다. 클레오파트라는 긴 군사 원정 후에 안토니우스가 알

유프라테스 강
현재의 터키, 시리아와 이라크를 가로질러 흐르는 강.

렉산드리아로 올 것이라고 확신했다. 그러면 이번에는 그를 자기 곁에 머물게 할 작정이었다.

 2년 후, 파르티아에게 처참하게 패하고, 자신을 배반한 아르메니아 왕에게는 쉽게 승리를 거둔 로마 장군은 이집트로 다시 향했다. 클레오파트라를 다시 만나러 온 것이다.
 여왕은 예우*를 갖추고 안토니우스를 기다렸다. 이시스 여신 차림을 한 그녀는 금과 은으로 뒤덮인 특별석 위에서 군중들로 가득 찬 사라페움 광장을 내려다보고 있었다.
 안토니우스는 전차를 타고 시가행진을 한 후 여왕 앞에 멈춰 섰다. 그는 디오니소스처럼 손에 포도나무 잎으로 장식한 지팡이를 들고 있었다. 땅바닥은 꽃잎으로 가득했다. 아르메니아 왕실 가문에서 가져온 수많은 전리품과 사슬에 묶인 포로들을 실은 전차들이 도착하자 플르트 소리와 합창 소리가 울려 퍼졌다.
 로마 장군은 멋있었고 당당했다. 얼굴은 승리의 영광으로 빛났다. 로마에서는 이 승리가 파르티아에 대한 패배를 잊게 하지는 못하지만 말이다.
 그는 클레오파트라에게 인사했다.
 "이것은 당신을 위한 것이오, 클레오파트라."

예우
예의를 지키어 정중하게 대우함.

그는 특별석 아래 보물을 쏟으면서 선언했다.

"나는 나의 승리를 축하하러 알렉산드리아에 왔소. 며칠 후 우리는 당신의 새로운 제국을 축하할 것이오. 왜냐하면 내 군대가 정복한 땅을 당신에게 선물할 것이기 때문이오. 하지만 지금은 내 군대와 알렉산드리아 백성들 모두 연회를 즐기도록 하시오."

밤새도록 도시는 환희로 가득 찼다.

사흘 후 안토니우스가 선포했듯이, 김나지움에서 세심하게 준비한 의식을 열어 새로운 이집트 제국을 축하했다. 클레오파트라와 안토니우스는 군중을 마주한 채 가장 높은 단에 자리 잡았다. 조금 아래에는 여왕의 네 아이가 왕좌에 앉아 있었다.

열세 살의 카이사리온은 머리를 민 모습이었다. 성인이 된다는 의미로 소년들이 하는 땋은 머리를 깎은 것이다. 클레오파트라 셀레네와 알렉산드로스 헬리오스는 곧 일곱 살 생일을 맞게 될 것이다. 메디아* 왕들의 의복인 수놓은 옷을 입은 알렉산드로스 헬리오스는 공작 깃털 장식이 있는 높은 왕관*이 머리에 잘 씌워져 있는지 계속 확인했다.

그러나 자리를 지키기 가장 힘들어하는 건 2년 전 안티오크에서 클레오파트라와 안토니우스가 다시 만나서 태어

메디아
현재 이란 지역에 살던 민족.

높은 왕관
페르시아와 아르메니아의 왕관.

전성기에 대한 꿈 ■ 107

나게 된 어린 프톨레마이오스였다. 샤르미온은 멀지 않은 곳에서 어린 프톨레마이오스가 자리를 뜨지 않도록 눈을 무섭게 뜨고는 지켜보고 있었다. 그는 작게 만든 마케도니아 왕 의복을 입고 있었다. 그리고 작은 망토를 걸치고, 테두리에 왕관 모양의 보석 장식을 묶은 모자를 썼으며, 끈을 묶는 작은 장화를 신고 있었다.

어린 프톨레마이오스는 단의 양쪽에서 **누비아*** 노예가 부치고 있는 커다란 타조 깃털 부채를 계속 쳐다보고 있었다. 아버지 안토니우스의 연설은 듣지도 않았다. 그렇지만 그에게는 시리아와 페니키아 왕국이 주어졌고, 그의 형들

누비아
나일 계곡 상류에 살던 부족. 후에 이집트의 남부와 현재의 수단 지역으로 이주했다.

과 누나에게는 이집트와 로마 제국의 동방 속주들이 주어졌다. 지금으로서는 그들의 어머니가 이 모든 땅을 통치할 것이다. 클레오파트라는 목적을 달성했다. 이집트는 과거의 전성기를 되찾은 것이다. 따라서 그녀는 이제 알렉산드로스 대왕의 발자취를 따를 수 있을 거라고 기대했다.

그러나 그것은 로마와 두 번째 집정관 옥타비아누스의 경계를 생각하지 못한 것이었다. 옥타비아누스는 혼자 통치하기 위해 집정관의 자리에서 안토니우스를 쫓아내려 했다. 세 번째 집정관인 레피두스*는 자기만큼 권력이 강

레피두스
고대 로마의 정치가. 공화정 말기에 카이사르 지지자로 등장하여 안토니우스, 옥타비아누스와 더불어 2차 삼두정치에 참여하여 아프리카의 지배권을 차지하였으나 옥타비아누스와의 대립으로 정계에서 은퇴하였다.

하지 않았기 때문에 자신의 야망에 실제로 위협이 되지는 않았다.

로마에서는 증오에 찬 선전이 거세게 일기 시작했다. 안토니우스는 불안한 편지들을 계속 받았다. 옥타비아누스는 안토니우스가 원로원의 이득이 아니라 클레오파트라의 이득을 돕고 있다고 비난했다. 그리고 알렉산드리아에서 감히 자신의 승리를 자축*했으며, 마법사 클레오파트라에게 홀려서 카이사리온이 카이사르의 후계자라고 거짓말을 하고 있다고 비난했다.

안토니우스의 친구들과 옥타비아누스의 친구들은 서로 대립했다. 연설, 편지 등을 통해 서로 싸웠고, 목소리가 높아지고 욕설이 점점 더 자주 오갔다.

어느 날 저녁, 이런 분쟁 가운데 클레오파트라와 안토니우스는 궁전 테라스에서 등대를 바라보고 있었다. 클레오파트라는 동반자의 어두운 얼굴이 걱정스러웠다.

"무슨 일이죠, 안토니우스?"

"옥타비아누스가 점점 더 강하게 영향력을 행사하고 있소. 또한 내 지지자들이 나를 옹호해 주기 힘들어하고 있고. 결국 내란*을 피할 수 없을 것 같구려."

"그렇다면 우리, 옥타비아누스와 맞설 준비를 해요! 무

자축
자기에게 생긴 좋은 일을 스스로 축하함.

내란
나라 안에서 정권을 차지할 목적으로 벌어지는 큰 싸움.

엇이 두려운 거죠? 동방 전체가 우리를 지지하고 있고, 당신 군단이 있잖아요. 잘난 체하는 옥타비아누스의 입을 아예 막아 버리자고요. 그러면 우리가 지중해의 주인이 될 거예요."

"클레오파트라, 나는 주인이 되는 건 원하지 않소. 법을 지키고 싶고, 당신을 지지함으로써 원로원의 이득에 도움을 주고 있다는 것을 원로원에 보여 주고 싶소."

"꾸물댈 시간이 없어요. 옥타비아누스를 이기면 원로원도 당신 말을 들을 수밖에 없을 거예요. 지금부터 우린 전쟁 준비를 해야 해요."

이집트의 아이들은 신들의 선물로 여겨졌다. 부모들은 아이들을 많이 사랑해 줬는데, 로마 사람들은 그런 점에 놀랐다. 로마 사람들은 아이들을 별로 중요하게 생각하지 않았기 때문이다. 그러나 아이들의 사망률이 아주 높아서 병으로부터 아이들을 보호하기 위해 목에 부적을 걸어 주었다.

교육
어머니는 아이의 이름을 짓고 여섯 살까지 길렀다. 그 후부터 아이는 발가벗고 지내지 않고 빠뉴(허리에 두르는 간단한 옷)나 튜닉을 입었다. 이것은 배움을 시작한다는 표시였다. 아이는 간단한 일도 하기 시작했다. 여자 아이는 어머니에게 옷감을 짜고 요리하는 법을 배웠다. 남자 아이는 아버지의 직업에 따라 농사를 짓고 물고기를 잡고 가축을 돌보고 조각하는 법을 배웠다. 서기관의 아들은 8년 동안 학교에 다녀서 나중에 서기관이 되었다. 부유한 가문의 아이들만이 가정교사에게 배웠다.

놀이와 장난감
아이들은 팽이, 바퀴 달린 동물 인형, 사람 인형을 가지고 놀았다. 큰 아이들은 세네트 게임과 쌍륙 놀이(주사위로 말을 진행시켜 적진으로 들어가는 놀이)의 시조라 할 수 있는 뱀 주사위 놀이 같은 여럿이 하는 게임 법칙을 배웠다.

▲ 말 탄 기사. 기원전 30~기원후 395년, 목재 장난감

▲ 조각된 나무로 만든 세네트 게임. 카의 무덤, 데이르 엘메디네

읽고 쓰는 법 배우기
서기관 양성을 위한 전문학교들이 있었다. 그러나 상형 문자를 단순하게 만든 문자와 종교 문자를 유료 학교에서 배울 수도 있었다.

▶ 어느 학생의 서판. 옥스퍼드 대학

열세 살의 카이사리온은 머리를 민 모습이었다. 성인이 된다는 의미로 소년들이 하는 땋은 머리를 깎은 것이다.

왕실 자녀들
왕가의 자녀들은 가정교사에게 배웠지만 궁전 학교에 다니기도 했다. 프톨레마이오스 왕조 때는 그리스 어를 공부했고 이집트 어는 배우지 않았다. 공주들은 남자 아이들처럼 교육을 받는 유일한 여자 아이들이었다.

◀ 아이를 안고 있는 어머니. 채색 테라코타, 기원전 1991~1797년

▶ 카이사리온(오른쪽)과 클레오파트라. 단다라, 하토르 신전

악티움 해전

클레오파트라는 왕국의 미래가 이 전쟁에 달려 있다는 것을 알았다. 기원전 32년 봄이 되자 그녀는 자신의 모든 함대를 이끌고 안토니우스와 함께 에페소스로 갔다. 안토니우스는 강력한 군대를 소집하는 데 성공했다.

여왕은 전쟁 준비에 참가하기로 결심했다. 로마 병사들의 호위를 받으며 그녀는 군단을 점검했고 잘못된 것은 바로잡아 주었다. 안토니우스는 다시 한 번 그녀에게 주의를 주었다.

"클레오파트라, 로마 병사들은 당신의 지휘를 좋지 않게 보고 있소."

"난 신경 안 써요!"

"하지만 당신은 여자인데 남자처럼 말을 타고 다니고 있소. 내 친구들도 당신 행동을 거슬려 하고 있단 말이오.

약탈
폭력을 써서 남의 것을 억지로 빼앗음.

왈가왈부
어떤 일에 대하여 옳거니 옳지 아니하거니 하고 말함.

베스탈
가정의 여신 베스타의 여사제들.

당신이 도시를 약탈*하도록 내버려 뒀다고 나를 비난하고 있소. 에페소스 도서관에서 20만 두루마리를 압수해서 알렉산드리아로 보낸 것도 눈감아 줬고 그 많은 조각상들도……."

"그래요. 난 여자예요. 하지만 그렇다고 해서 넓은 왕국을 통치하지 못한 것도 아니에요. 어느 누구도 파라오의 결정에 왈가왈부*할 권리는 없다고요!"

경고에도 불구하고 클레오파트라는 전혀 조심해서 행동하지 않았다. 그녀는 자신이 강하다고 느꼈고 전쟁 준비에 도취된 듯 느껴졌다.

그러자 곧 안토니우스의 몇몇 친구들은 로마 장군이 클레오파트라에게 전혀 반대하지 않는다고 생각하고서 옥타비아누스의 편으로 가 버렸다. 그들 중 두 명은 심지어 베스탈*에게 맡겨진 안토니우스의 유언장을 옥타비아누스에게 알려 주기까지 했다. 옥타비아누스는 신성한 법을 무시하면서 유언장을 손에 넣어 원로원에서 읽었다.

안토니우스는 유언장에서 카이사리온이 카이사르의 아들이라고 인정했다. 그는 자기 재산을 자기 자식들에게 물려주고 알렉산드리아에 클레오파트라 곁에 묻어 달라고 했다.

해임
어떤 지위나 맡은 임무를 그만두게 함.

포고
한 나라가 상대국에 대하여 전쟁을 시작한다는 통고를 하고 그 뜻을 내외에 알림.

악티움
그리스의 서쪽에 있는 도시.

대치
서로 맞서서 버팀.

아그리파
고대 로마의 정치가. 옥타비아누스를 도와 악티움 해전에서 승리를 거두었고, 집정관이 되어 로마 시의 미화에 힘썼다.

이집트 여인에 대한 그런 사랑의 증거는 원로원이 옥타비아누스 편을 들게 하는 데 충분했다. 그는 안토니우스를 집정관 직에서 해임*시키고 이집트에 전쟁 포고*를 했다.

겨울 내내 옥타비아누스의 군대와 안토니우스의 군대는 악티움* 지방에서 서로를 감시하며 대치*하고 있었다. 안토니우스의 함대는 수가 더 많았지만 속도는 덜 빨랐다. 클레오파트라는 기함 안토니아를 타고 60척의 배를 직접 지휘했다.

옥타비아누스는 뛰어난 군사령관 아그리파*의 보좌를 받고 있었다. 아그리파는 이집트에서 오는 보급로를 막는 데 성공했다. 지원군과 식량이 끊긴 안토니우스는 이제 유리할 것이 하나도 없었다. 그의 동맹들은 자신을 잃었고 점점 더 배신하는 사람이 많아졌다. 게다가 그들은 적에게 중요한 정보를 알려 주기까지 했다.

기원전 31년 9월 2일 전날 밤, 안토니우스와 클레오파트라는 장군들을 소집했다.

"사태가 심각하오, 친구들. 이제는 행동에 들어가야 하오. 그것도 빨리 말이오. 아그리파의 함대가 우리를 포위하고 있소. 우리는 만*에 갇혔소. 방어벽을 뚫어야 하오. 그러기 위해서는 기습 공격을 해야 하니 너무 느린 배들은 버립시다."

만
바다가 육지 속으로 파고들어 와 있는 곳.

"하지만 식량과 전리품들을 실어 나르는 건 그 배들이지 않습니까."

한 장군이 놀라서 말했다.

"중요한 전리품들은 안토니아와 삼단노선 몇 척에 옮겨 싣도록 명령을 내리시오. 오늘 저녁부터 당장 말이오. 클레오파트라가 이 함대를 지휘할 것이고 방어벽이 뚫릴 때까지 뒤쪽에 머물 것이오."

"어떻게 움직이면 되겠습니까?"

"함대의 지휘권을 넷으로 나눌 것이오. 새벽에 행동을 개시합시다."

"안개가 짙기를 신들께 기도합시다!"

이른 새벽, 바람은 아직 불어오지 않았다. 안토니우스의 함대는 천천히 물 위로 미끄러졌다.

사방은 쥐 죽은 듯 고요했다. 말을 하지 말라는 명령이 병사들에게 내려졌다. 노가 물과 부딪치는 소리만 들려왔다. 안개가 너무 짙어서 옥타비아누스의 장군 아그리파는 아무것도 못 볼 뻔했다.

악티움 해전 ■ 119

해협
육지 사이에 끼어 있는 좁고 긴 바다.

뱃부리
전함의 뱃머리에 부착된 청동으로 된 뾰족한 부분.

 그러나 안토니우스가 함대를 이끌고 해협*의 끝에 도착했을 때 적의 한 감시병이 함대의 이동을 알아차렸다.
 아그리파의 함대는 짐이 많지 않아 더 빠르게 내달려 안토니우스를 금방 따라잡았다.
 안토니우스는 해협의 끝에서 활 모양으로 두 줄로 자리 잡으라는 명령을 함대에 내렸다. 아주 튼튼한 안토니우스의 함대는 뱃부리*의 공격을 두려워하지 않았다. 안토니우스의 배들은 여간해서는 침몰하지 않았다. 곧 투척 무기를 사용한 전투가 시작되었다. 불붙은 화살, 투석기의 벌겋게 달구어진 포탄이 악티움의 하늘을 밝혔다.

오후가 되자 배들은 모두 서로 붙어 있었다. 병사들은 떠다니는 요새의 공격에 나섰고, 백병전*을 벌였다.

클레오파트라는 뒤쪽에서 전투를 지켜보고 있었다. 명령과 반대 명령, 비명 소리, 부상자들의 신음 소리가 들려왔다. 작은 만은 난파선*의 잔해들을 삼켰고, 희생자들의 피로 붉게 물들었다. 양쪽 모두 인명 피해가 엄청났다. 전략적 후퇴는 실패로 돌아갔다.

그때 갑자기 클레오파트라는 북풍이 불어오는 것을 느꼈다. 북풍은 그녀의 함대가 도망가는 데 필요한 속력을 낼 수 있게 해 줄 것이다.

백병전
총, 칼을 휘두르며 양편의 군대가 뒤섞여 싸우는 접근전.

난파선
항해 중에 폭풍우 따위를 만나 부서지거나 뒤집힌 배.

그녀는 혼자서 전리품과 함대의 일부를 구할 수 있을 거라는 생각이 들었다.

"돛을 올려라!"

그녀가 소리쳤다.

그녀의 명령은 다른 배에도 곧 전달되었다. 움직이기에 적합한 때를 기다리기만 하면 되었다. 그 순간은 금방 찾아왔다. 전열*에서 돌파구*가 생긴 것이다. 클레오파트라는 어느 때보다 빨리 배를 움직이게 했다. 매우 능숙하게 함대를 이끌면서 그녀는 자신의 60척의 배와 함께 전속력으로 도망쳤다. 적의 함대는 모두 뒤얽혀 있었기 때문에 한 척도 뒤쫓아 오지 못했다.

바로 그때 칼을 들고 한참 싸우고 있던 안토니우스가 안토니아의 뱃머리에 있는 클레오파트라를 봤다. 안토니아는 먼 바다로 향하고 있었다. 알 수 없는 격렬한 충동에 사로잡힌 그는 이 배에서 저 배로 건너뛰어 오단노선까지 갔다. 그 배는 여왕의 함대를 따라잡을 수 있을 만큼 빨랐다.

안토니우스의 함대는 바다에

전열
전쟁에 참가하는 부대의 대열.

돌파구
가로막은 것을 쳐서 깨뜨려 통과할 수 있도록 뚫은 통로나 목.

무기를 버리고 대장을 뒤따랐다. 그렇게 해서 약 100척의 배가 도망쳤다.

안토니우스는 금방 안토니아를 따라잡았다. 그러나 그는 배에 올랐을 때 자신이 한 일을 깨달았다. 용맹하고 뛰어난 장군으로 평판이 높았던 자신이 전투에서 도망치다니……. 그렇게도 기다렸던 승리를 비켜 온 것이다.

그는 두 손으로 머리를 감싼 채 뱃머리에 머무르면서 클레오파트라 보기를 거부했다. 그녀로 인해 그는 직위, 친구, 명예, 모든 것을 잃었다.

그는 밀사*를 기다리기 위해 리비아 해안에서 내렸다.

그는 자신의 병력 상태를 알고 싶었다. 그가 도망친 후 무슨 일이 있었을까? 그러나 그는 동방의 옛 동맹들과 자기 군단의 배신 소식을 또 한 번 들어야 했다. 절망한 그는 알렉산드리아로 돌아왔다.

그는 궁전 구역에서 여왕과 함께 지내기를 거절했다. 절망하고 씁쓸해진 그는 파로스 섬의 작은 거처로 들어가 지내며 사람들을 미워하기 시작했다.

밀사
몰래 보내는 사자(使者).

클레오파트라는 정권을 다시 장악했다. 그녀는 이집트 전성기에 대한 꿈이 더 이상 실현될 수 없다는 것을 알았지만 낙담하지 않았다. 그녀는 안토니우스가 삶의 기쁨을 되찾기를 바랐다. 매일 아침 그녀는 샤르미온과 이라스에게 물었다.

"왜 나를 보려 하지 않을까? 거처에서 나와서 나를 보러 오게 하려면 어떻게 해야 하지?"

"53세 생신을 위해 큰 연회를 여는 건 어떨까요?"

이라스가 물었다.

"이라스 말이 옳아요, 클레오파트라."

샤르미온이 맞장구쳤다.

다행히도 안토니우스는 자기 생일을 축하하기 위한 연회에 오겠다고 했다. 그러나 그는 여전히 침울했다. '흉내 낼 수 없는 삶'이라는 모임을 해체하고 '함께 죽기를 기다리는 모임'이라는 새로운 모임을 만들어야 될 지경이었다.

어느 날 아침, 디오메데스가 클레오파트라에게 옥타비아누스의 도착을 알리러 뛰어왔다. 그녀는 그 로마 인과 협상*할 수 있을 것이라는 생각이 들었다.

"디오메데스, 복종의 의미로 내 왕홀과 왕관을 그에게 가져다주세요."

"왜 그런 모욕을 자초*하십니까?"

그녀의 충실한 고문관이 놀라 물었다.

협상
둘 이상의 나라가 어떤 일에 대하여 약속하는 일. 또는 어떤 목적에 부합되는 결정을 하기 위하여 여럿이 서로 의논함.

자초
어떤 결과를 자기가 생기게 함. 또는 제 스스로 끌어들임.

"이렇게 하면 아마 이집트를 구할 수 있을 거예요. 서둘러요. 그가 어떤 반응을 보일지 빨리 알고 싶어요."

다음 날, 한 사신이 이상한 제안을 들고 왔다.

옥타비아누스는 그녀에게 공식적으로 왕위에서 물러나고 안토니우스를 살해하라고 요구했다. 그건 절대 있을 수 없는 일이다! 그녀는 왕국을 위해서도 연인을 희생시킬 수는 없었다.

클레오파트라 시대의 이집트 군대는 한창 쇠퇴하고 있었다. 한 세기 전에 떨쳤던 명성은 찾아볼 수 없었다. 여왕은 로마군에 의지하여 이집트를 보호하고 알렉산드리아 사람들로부터 자신을 보호했다.

군사적 상황

프톨레마이오스 왕조는 지중해의 무역을 통제하기 위해, 그리고 필요할 때는 이집트 주변 영토를 병합하면서 국경을 보호하기 위해 강력한 해군을 유지했다. 시리아에서 셀레우코스 왕조에게 몇 번 크게 패했음에도 불구하고 프톨레마이오스 왕조는 그 지역에서 가장 강력한 군사력을 오랫동안 가지고 있었다. 클레오파트라가 왕위에 올랐을 때 이집트 제국은 사라지고 없었다. 나일 강의 자원을 탐내던 로마 인들은 점점 더 이집트 왕국의 국정에 간섭했다. 여왕은 이집트 군대보다 훨씬 더 뛰어난 로마 군대에 의존했다.

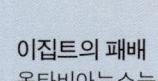

▶ 로마 기사. 오랑주, 생제르맹앙레

이집트의 패배

옥타비아누스는 안토니우스와 클레오파트라 군대와 두 번 싸웠다. 한 번은 악티움 바다에서였고 다른 한 번은 이집트 땅에서였다. 자신의 우월성을 잊지 않도록 하기 위해 그는 동전에 이집트의 상징인 악어를 사슬에 묶인 모습으로 새겼다.

로마 기병대

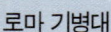

한 군단에 3백 명의 기사로 구성된 기병대는 가벼운 무기를 들었다. 기병대는 보병대의 양쪽 옆에 위치해 군대의 측면을 보호했다.

▲ 로마 동전. 기원전 300~기원후 285년

군대

알렉산드로스의 후손인 라기데스 왕가의 군대는 그리스 인, 마케도니아 인, 유대 인과 갈리아 용병으로 이뤄졌다. 이집트 인들이 그 후 조금씩 받아들여졌다. 그러나 군대의 구성, 군복과 무기는 이집트 전통 군대와는 공통점이 전혀 없었다. 군대는 마케도니아 군대를 본떠 보병 밀집 부대로 편성되었다. 병사들은 모자를 썼고, 둥근 방패, 창과 단검을 사용했다. 군대는 기병 연대와 천 명의 보병 대대들로 구성되었다. 병력 수는 2만 2천 명으로 많지 않았다. 라기데스 왕가 통치 초기보다 3분의 1 정도의 적은 수였다. 이집트는 로마군에 의지했으며, 로마 병사들은 이집트를 위해 일하는 대가로 파라오의 땅을 받았다.

> 여왕은 전쟁 준비에 **참가**하기로 결심했다.
> 로마 병사들의 **호위**를 받으며 그녀는 **군단**을 점검했다.

▲ 전통적인 이집트 군대의 보병들. 채색 목재 모형, 카이로

▶ 전함. 기원전 1세기 말, 프라이네스테

함대

클레오파트라의 함대는 아주 인상적이었다. 그러나 2백 척도 넘는 배로 이뤄진 함대는 악티움 해전에서 대부분 침몰되었다.

파라오의 죽음

클레오파트라는 그리스 전통에 따라 미리 만든 자기 무덤으로 피신했다. 그녀는 이 높은 사각형 탑 안에 옥타비아누스가 탐내는 전리품을 채워 넣었다. 금, 향료*, 보석, 가구, 책들과 영묘*를 모두 태우기에 충분한 연료가 가득 들어 있었다. 그녀는 충실한 시녀 이라스와 샤르미온만 데리고 잡히지 않으려고 그곳에 숨었다.

안토니우스는 도시 성문에서 옥타비아누스와 마지막 전투를 벌이러 떠났다. 이집트 보병대를 이끌고 치열한 전투를 벌였으나 패배한 안토니우스는 알렉산드리아로 발길을 돌렸다.

그러나 도착하자마자 한 장군이 그에게 클레오파트라의 죽음을 알렸다. 안토니우스는 너무나 괴로운 나머지 한 가지 방법밖에 생각나지 않았다. 그것은 바로 자신의 죽음이

향료
향기를 내는 데 사용하는 물질.

영묘
선조의 영혼을 모시는 사당.

었다. 시종 에로스를 발견한 그는 간절하게 부탁했다.

"내 칼을 들고 나를 이 고통에서 해방시켜 다오. 클레오파트라를 만나러 가야겠다."

그렇게 말하면서 그는 갑옷을 벗었다. 겁에 질린 젊은 노예는 도저히 시키는 대로 할 수가 없었다. 그러자 안토니우스는 칼을 들어 자기 배를 찔렀다. 디오메데스가 클레오파트라가 아직 살아 있다는 것을 알리러 왔으나 때는 이미 너무 늦었다. 안토니우스는 죽어 가면서 클레오파트라 곁으로 데려다 달라고 부탁했다.

하지만 어떻게 데려간단 말인가? 영묘의 문은 봉해져 있었다. 한 가지 방법만이 남아 있었다. 아직 공사가 끝나지 않아 뚫려 있는 곳이 있어서 그곳으로 들어가는 것이었다. 클레오파트라는 두 시녀의 도움으로 안토니우스를 밧줄을 사용하여 힘겹게 끌어올렸다. 시녀들은 그를 침대에 눕혔다.

클레오파트라는 안토니우스를 품에 안고 그의 몸을 뒤덮고 있는 피를 눈물로 씻었다. 그녀는 자신들의 운명에 당당하게 종지부를 찍으려고 자신의 죽음을 퍼뜨리게 했다고 그에게 설명했다. 그녀는 곧 그의 뒤를 따르겠다고 맹세했다. 그러나 안토니우스는 그녀에게 마지막 말을 남겼다.

"눈물을 거두시오. 나의 죽음은 당당하지만 당신의 죽음은 쓸모없는 것이오. 당신의 목숨은 소중하오. 당신 목숨을 구하시오. 그것은 수치도 불명예도 아니니 말이오."

"하지만 당신이 없으면 나는 아무것도 아니에요. 내가 살아야 한다면 당신도 살아야 해요. 당신을 구하기 위해서라면 내 왕국이라도 바치겠어요."

클레오파트라는 슬퍼했다.

안토니우스는 이미 그녀의 말을 듣고 있지 않았다. 막 마지막 숨을 거둔 것이다. 클레오파트라는 너무 고통스러웠다. 그녀는 가슴을 치고 손톱으로 얼굴을 할퀴고 자기 옷을 찢었다. 여러 시간 동안 시녀들은 그런 그녀를 옆에서 지켜보았다.

얼마 지나지 않아 옥타비아누스는 적의 죽음을 전해 들었다. 그는 클레오파트라가 무덤에 불을 지를까 걱정되었다. 그는 클레오파트라가 살아 있기를 바랐다. 개선 때 그녀의 모든 보물과 함께 그녀를 사슬로 묶어 로마에 행진시키고 싶었다. 이 최고의 포로는 그의 권력의 증거물이 될 것이다. 그러나 그는 걱정스러운 편지 한 통을 받았다.

"옥타비아누스, 나는 더 이상 살기를 원하지도, 살 수도 없소. 양아버지 카이사르를 생각해서 이 은총을 베풀어

주기를 바라오. 운명이 나에게 안토니우스를 주었고 나는 그의 것이었으니 그와 함께 죽도록 해 주시오."

옥타비아누스는 벌떡 일어나 무슨 수를 써서든지 클레오파트라가 자살하지 못하도록 하라는 명령을 내렸다. 옥타비아누스의 한 부하가 안토니우스를 끌어올리는 데 사용했던 곳을 통해 무덤 안으로 들어가는 데 성공했다. 그녀는 그를 보자마자 단도*를 잡아들었다. 그러나 로마 인은 잽싸게 그녀를 붙잡아 단도를 빼앗았다.

옥타비아누스는 전리품을 빼앗고 여왕을 자신의 궁전에 가두기로 마음먹었다.

클레오파트라는 처음으로 두려웠다.

"샤르미온, 옥타비아누스가 로마에 개선*하는 데 함께 갈 수는 없어."

"우리는 더 이상 결정권이 없어요."

"아무도 나를 살도록 강요할 수는 없어. 카이사리온은 이제 이집트의 파라오이고 나는 그를 피신시켰어. 이제부터 나는 아무것도 먹지 않을 거야."

"그렇게 행동해서는 안 된다!"

큰 목소리가 울려 퍼졌다.

옥타비아누스가 예고 없이 여왕의 거처에 들어서면서 그

단도
날이 한쪽에만 서 있는 짧은 칼.

개선
싸움에서 승리하고 돌아옴.

들의 대화를 들은 것이다.

"네 자녀들 중 셋은 내 손에 달려 있다는 것을 잊었느냐? 그들이 너의 수치스러운 죽음을 알기를 원하느냐? 네가 살아 있으면 그들을 구할 수 있을 것이다."

클레오파트라는 받아들이는 수밖에 다른 방법이 없었다. 지금으로서는 말이다.

로마로 떠나기 사흘 전, 클레오파트라는 안토니우스의 무덤에서 묵상*을 하고 싶다고 부탁했다. 상황을 잘 통제하고 있다고 확신한 옥타비아누스는 부탁을 들어주었다.

이라스와 로마 호위대와 함께 클레오파트라는 궁전을 나왔다. 8월 한낮의 더위는 견디기 힘들었다. 그러나 클레오파트라는 아무렇지도 않았다.

그녀는 왕실 구역을 지나 다시 한 번 알렉산드리아의 색깔, 소음과 냄새를 온몸으로 느꼈다. 안토니우스 무덤 그늘 아래에서 그녀는 그의 관 발치에 무릎을 꿇었다. 그녀는 무덤을 화려한 꽃으로 뒤덮도록 했다. 그리고 마지막으로 입 맞춘 후 탄식을 했다.

"우리가 살아 있는 동안 아무것도 우리를 갈라놓을 수는 없었어요. 이제 죽음이 우리 둘을 서로의 고향에서 떼어

묵상
눈을 감고 말없이 마음 속으로 생각함.

놓으려고 해요. 로마 인인 당신은 이집트 땅에 머무를 거고, 불행한 나는 로마에 묻히게 되었으니······."

그러나 어느 누구도 그다음에 그녀가 중얼거린 기도를 듣지 못했다. 그녀는 그에게 무덤을 함께 쓰게 해 달라고 기도했고, 저세상에서 곧 그와 만날 것을 생각하니 기쁘다고 말했다.

궁전으로 돌아온 클레오파트라는 아주 차분했다. 샤르미온은 주인을 존경했다. 곧 다가올 죽음 앞에서 저렇게 고결하고 저렇게 용감하다니!

"샤르미온, 이라스가 내 마지막 식사 준비를 지켜보는 동안 목욕물을 받아 줘."

클레오파트라가 부탁했다.

"주인님, 여기 있어요. 제일 아름다운 튜닉으로 골라 왔어요."

"잘했구나. 재스민* 향유*를 가져와 내 몸에 발라 다오. 글 쓸 도구를 구해 왔느냐?"

"네, 안심하세요. 모든 준비가 끝났습니다. 여기 잉크와 파피루스가 있어요."

"두려우냐, 샤르미온?"

"아니요. 여왕님과 함께 있는 한 신들이 저를 보호해 줄

재스민
물푸레나뭇과 재스민속의 식물을 통틀어 이르는 말. 덩굴성 식물 또는 관목으로, 특유의 향내가 나는 노란색 또는 흰색의 꽃이 핀다.

향유
향기로운 냄새가 나는 기름.

겁니다."

치장이 끝나자 클레오파트라는 성대한 식사를 하기 위해 옆으로 누웠다. 그녀가 식사하는 동안 한 농부가 그녀에게 광주리 하나를 전하러 왔다.

여왕과 여왕의 거처로 드나드는 모든 것을 감시하는 근위병들이 광주리에 무엇이 들었는지 농부에게 물었다. 농부는 광주리를 덮은 나뭇잎들을 들춰 먹음직한 무화과*들을 보여 주었다.

"맛을 좀 보시겠습니까?"

무화과
무화과나무의 열매. 생김새는 달걀 모양이며 먹을 수 있다.

농부가 물었다.

방문자의 솔직함에 안심한 근위병들은 여왕을 위한 선물에 감히 손을 대지 못했다. 그들은 그를 들여보냈다.

클레오파트라는 광주리가 들어온 것을 보고 전혀 놀라지 않았다. 그것을 가져오도록 시킨 것은 바로 그녀였기 때문이다. 그녀는 광주리를 식탁 위에 두라고 했고, 사신에게 방금 봉한 편지를 옥타비아누스에게 전하라고 했다.

샤르미온과 이라스만 빼고, 거처에 있는 모든 사람들을 내보낸 후, 클레오파트라는 문을 닫고 침대로 갔다. 이라스는 그녀에게 무화과 광주리를 가져왔다. 클레오파트라는 과일 속에 손을 넣었다. 그녀는 광주리 바닥에 잠들어 있는 뱀을 깨우려고 손가락을 흔들었다. 파라오의 수호신인 멋진 코브라 한 마리가 명예로운 죽음을 약속하며 무화과들을 헤치고 모습을 드러냈다.

그곳에서 몇 걸음 떨어진 곳에서 옥타비아누스는 클레오파트라의 편지를 펼쳐 들었다. 그는 마지막 말들을 읽으며 얼굴이 파랗게 질렸다.

"내가 안토니우스 곁에 묻히게 해 주시오. 그를 위해 죽는 내가 하데스*의 왕국에서 그와 함께 머무를 수 있도록 말이오."

옥타비아누스는 그 순간에 자기 포로가 자살하려 한다는 것을 알아챘다. 그는 즉시 부하들을 여왕의 거처로 보냈다. 그러나 이미 너무 늦었다.

클레오파트라는 자신의 금 침대에 누워 있었고 그녀의 몸 위에는 보석이 가득했다. 팔에는 코브라가 만들어 놓은 작은 두 개의 구멍이 눈에 띄었다. 여왕의 시신 근처에는 이라스의 시신이 꼼짝 않고 누워 있었다. 죽어 가는 샤르미온만이 클레오파트라의 머리에 파라오의 왕관을 씌워

하데스
죽은 자들 왕국의 그리스 신.

줄 힘이 조금 남아 있을 뿐이었다. 근위병들 중 하나가 속은 것이 화가 나 시녀를 흔들며 소리쳤다.
"정말 잘했군, 샤르미온!"
"정말 아주 잘했지. 왕가 출신의 여인답지."
그녀는 숨을 몰아쉬었다.
샤르미온은 더 이상 말을 하지 않았고 침대 발치에 쓰러져 죽음을 맞았다.

옥타비아누스는 엄청나게 화가 났지만 클레오파트라를 존경할 수밖에 없었다. 그런 용기를 본 그는 그녀를 안토니우스 곁에 묻어 주기로 했다. 왕들에게 어울리는 장례가 치러졌고 두 연인의 시신은 영묘 안에 함께 묻혔다. 알렉산드리아 사람들은 여왕을 위해 울었지만, 울음은 더 이상 아무 소용이 없었다. 그 후로 이집트는 로마의 속주가 되었다.

그날 밤, 뜨거운 태양은 이집트의 마지막 파라오의 무덤 위로 졌다.

고대 이집트 인들에게 죽음은 끝이 아니라 영원한 두 번째 삶으로 넘어가는 단계였다. 두 번째 삶은 죽은 사람의 몸이 보존될 때만 가능했다. 만약 시신이 파손되면 죽은 사람의 영혼은 영원히 떠돌게 된다.

믿음

죽은 사람은 지하 세계를 배를 타고 건너야 한다. 함정과 괴물들을 피하기 위해 죽은 사람은 〈사자의 서〉 같은 주문의 책을 가지고 가야 한다. 그 책의 내용은 무덤 벽이나 두루마리에 그려졌다. 그런 다음 심장을 재는 심판을 통과하면 죽은 사람은 죽은 자의 신 오시리스 앞으로 인도되어 그의 왕국에서 영원히 살게 된다.

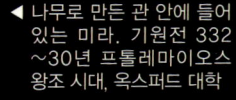

▶ 페보스의 미라 만들기. 채색하고 금박을 입힌 회반죽 리넨, 데이르 엘메디네

◀ 나무로 만든 관 안에 들어 있는 미라. 기원전 332~30년 프톨레마이오스 왕조 시대, 옥스퍼드 대학

미라

처음에는 시신을 모래에 묻었다. 시신은 아주 건조한 기후 덕분에 자연적으로 보존되었다. 무덤이 등장한 이후 이집트 사람들은 무덤 안의 시신이 썩는다는 것을 알게 되었다. 그래서 그들은 미라를 만들었다. 먼저 내장을 꺼낸 후 시신 위에 나트론(소금 같은 것)을 잔뜩 뿌려 40일 동안 말렸다. 그런 다음 시신을 톱밥과 헝겊으로 채운 후 아마포 붕대로 감았고 사이사이에 부적들을 넣었다.

아누비스

자칼 머리를 한 신 아누비스는 죽은 자와 시체 방부 처리를 하는 자의 수호신이다. 그는 죽은 사람을 저세상으로 안내하고 죽은 사람의 심장을 재는 일을 한다. 미라를 만들 때 사제들 중 한 사람은 이 신의 마스크를 썼다.

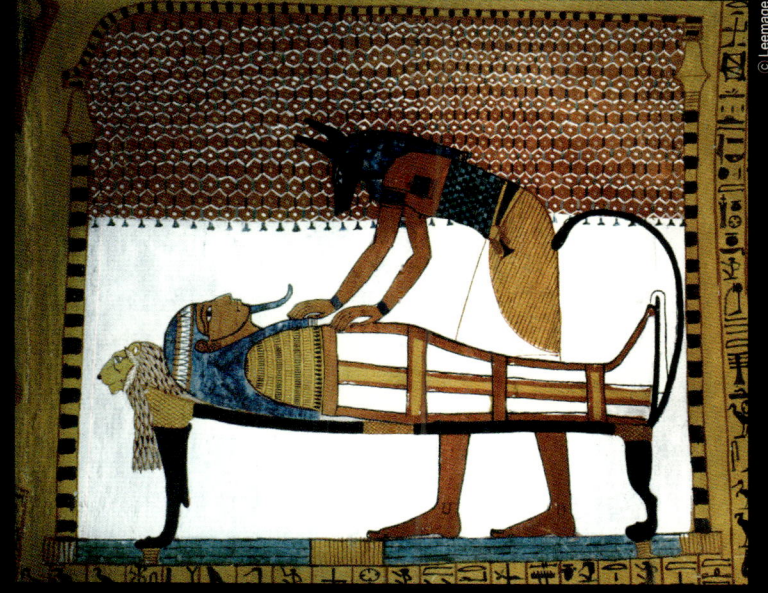

▲ 미라를 만들고 있는 아누비스. 센네젬 무덤, 더 이르 엘메디네, 장인들의 계곡, 테베

그날 밤, 뜨거운 태양은 이집트의 마지막 파라오의 무덤 위로 졌다.

무덤

고대 파라오들은 피라미드를 건설하게 했다. 신왕국 때는 파라오들이 왕가의 골짜기에서처럼 바위산을 파서 만든 지하 무덤에 묻혔다. 하나의 무덤은 미라와 그의 물건들이 들어 있는 한 개의 묘실과 의식을 위한 예배당으로 이뤄져 있다. 알렉산드리아 서쪽에 있는 네크로폴리스는 진정한 죽은 사람들의 도시다. 그곳에는 지하 무덤들이 미로같이 연결되어 있다. 이집트 미라 옆의 벽감 (벽에 오목하게 파 놓은 부분)에는 화장을 담당하던 그리스 인들의 유골 단지가 자리하고 있다.

알렉산드리아의 네크로폴리스

이야기의 참고 자료

클레오파트라는 그녀의 생애에서 만났던 명망 높은 남자들인 폼페이우스, 카이사르, 안토니우스, 옥타비아누스 때문에 유명해졌다. 그러나 그녀를 고대의 위대한 인물로 만든 것은 무엇보다 살아 있을 때 자기의 삶과 죽음에 대한 신화를 만들어 낼 줄 알았던 능력이다.

● 아주 빈약한 자료들

진정한 클레오파트라를 알려 주는 자료는 많지 않다. 오늘날까지 전해 내려오는 몇 개의 초상(동전과 저부조)은 파라오 예술 전통에 따라 여왕을 재현한 것이어서 거의 현실성이 없다.

그녀에 관한 글도 역시 많지 않다. 대부분 그녀의 후대 사람인 고대 작가들이 로마 권력가들의 삶에 그녀가 등장할 때만 그녀를 언급했기 때문이다.

● 로마의 선전

안토니우스와 연합하여 싸우는 동안, 옥타비아누스는 이집트 여자인 클레오파트라를 비난하는 교묘한 선전을 했다. 그는 로마 전통주의자들이 동방에 대한 증오와 여자를 싫어하는 점을 이용했다. 호라티우스, 베르길리우스, 프로페르티우스 같은 시인들은 지배적이고 잔인하고 방탕하고 마법사 같은 여자의 이미지를 클레오파트라의 신화에 만들어 넣었다.

● 후대의 클레오파트라

고대 로마 인들의 아주 부정적인 관점에 근거를 둔 예술가들은 연극적인 죽음을 맞은 클레오파트라로부터 많은 영감을 받았다. 그들은 그녀의 사랑 이야기와 권력 이야기를 문학, 음악,

---

플루타르코스

전기 작가인 그는 아마도 라틴 작가들 중 아우구스투스('존엄한 자'라는 뜻으로 옥타비아누스에게 주어진 칭호)의 선전에 가장 영향을 받지 않은 사람일 것이다.

그는 안토니우스의 생애에 관한 저서에서 클레오파트라의 이야기를 언급했다. 그는 당시 알렉산드리아에 살고 있던 안토니우스의 지지자인 자기 가족에게서 들은 증언을 토대로 글을 썼다.

또한 플루타르코스는 클레오파트라의 주치의 올림포스의 저서를 참조했다. 그는 그녀를 훌륭한 군주이자 충실하고 진심어린 연인으로 그렸다.

▲ 그리스 저술가 플루타르코스(50~125). 19세기 조각

회화와 영화에 담았다.

그녀는 단테와 셰익스피어 작품에서는 부도덕한 여인으로, 푸슈킨과 테오필 고티에의 작품에서는 17세기의 비극적인 귀족이나 19세기의 요부(남자를 파멸시키는 여자)로 묘사되었다.

또한 맨키비츠 감독의 〈클레오파트라〉와 위데르조와 고시니의 〈아스테릭스와 클레오파트라〉에서는 멋지고 지적인 여인으로 그려졌다.

● 진짜 클레오파트라는?

클레오파트라라는 인물에 관한 신화와 소설적인 관점을 넘어 그녀는 무엇보다 쇠퇴하는 왕국, 로마에 의존하는 왕국의 젊은 여왕이었다. 지적이고 야심 찬 그녀는 자신의 모든 장점을 이용하여 프톨레마이오스 왕조의 위대함을 되살리려 했다. 그러나 그녀는 이집트를 개혁하지 못했고, 강력한 군대와 권력을 이집트에 되찾아 주지 못했다. 로마 인들과의 동맹만이 한동안 왕국의 독립을 유지하는 방법이었다.

카이사르와 안토니우스와의 관계에 있어서 계산된 부분과 감정적인 부분이 어느 정도인지 판단하기는 힘들다.

그러나 역사가들이 우리에게 알려 줄 수 없는 이 젊은 여인의 정열과 감정을 되살려 보는 것은 아주 흥미로운 일이다.

▲ 맨키비츠의 〈클레오파트라〉에 출연한 엘리자베스 테일러와 리처드 버튼(안토니우스), 1963

영화 속의 클레오파트라
영화가 만들어지면서부터 클레오파트라는 시나리오 작가들과 감독들에게 영감을 주었다. 그녀에 관한 20여 편의 영화 중 세실 드 밀 감독의 〈클레오파트라〉(1934)와 맨키비츠의 대작을 사람들은 기억하고 있을 것이다. 제작에 4천만 달러가 든 맨키비츠의 영화는 세계적인 성공을 거두었다.

어린이부터 청소년까지

프랑스 갈리마르 **인물 역사 총서**

신화와 역사 속 영웅을 찾아 떠나는 놀라운 지식 여행!
인문 교양 지식 분야에서 세계 최고인 프랑스의 갈리마르 출판사에서 발행한
역사, 인물, 신화, 문명에 대한 종합적인 교양서!

  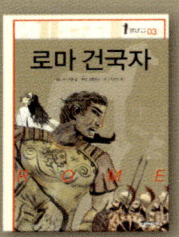  

 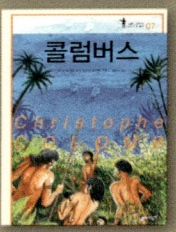 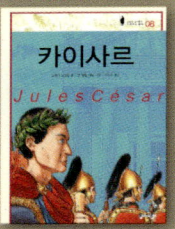 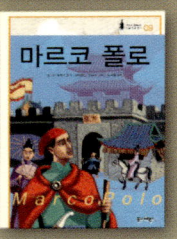 

 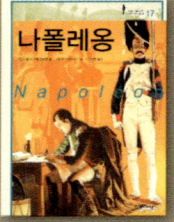 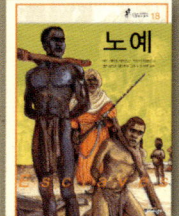  

01 이집트 신	06 율리시스	11 예수	16 다윈
02 아서 왕	07 콜럼버스	12 알렉산더 왕	17 나폴레옹
03 로마 건국자	08 카이사르	13 잔 다르크	18 노예
04 알라딘	09 마르코 폴로	14 해적	19 그리스 신화
05 모세	10 레오나르도 다 빈치	15 바이킹	20 클레오파트라